蕭欽著

容止齋詩集

蔡鼎新

文史哲出版社印行

國家圖書館出版品預行編目資料

容止齋詩集 / 蕭欽著. -- 初版. -- 臺北市：
文史哲, 民 102.03
面；公分（文學叢刊；286）
ISBN 978-986-314-099-3（平裝）

851.486　　102005966

文學叢刊　286

容止齋詩集

著者：蕭欽
出版者：文史哲出版社
http:// www.lapen.com.tw
e-mail：lapen@ms74.hinet.net
登記證字號：行政院新聞局版臺業字五三三七號
發行人：彭正雄
發行所：文史哲出版社
印刷者：文史哲出版社
臺北市羅斯福路一段七十二巷四號
郵政劃撥帳號：一六一八〇一七五
電話886-2-23511028・傳真886-2-23965656

定價新臺幣三〇〇元

中華民國一〇二年（2013）五月初版
中華民國一〇二年（2013）九月再版

ISBN 978-986-314-099-3　08286

大序云詩言志歌永言
要詳而析義已明矣以
在心為志發言為詩

于右任

投筆從軍前修可鑒
願作班超莫為王粲

壬寅三月題

萬里征程集

暢軒

詩以言志孔門尚之
興觀羣怨差閑不宜
車塵磨盾花鳥感時
性情流露忠愛可知

萬里征程集

李鴻緒
癸卯冬日

錦年詩嚴忽驚歡　雄收瀛洲懷大觀
萬里行途留紀錄　千秋事業寄詩高論
風雲筆陣多豪氣　錦繡襟懷合鍊丹
東瀛辭歌回不醉　前程浩蕩另相看

華錦同學雅正

中華民國四十六年歲次丁酉國曆五月十二日

錦年大兄　健　敬題

於台東寧寓

容止齋

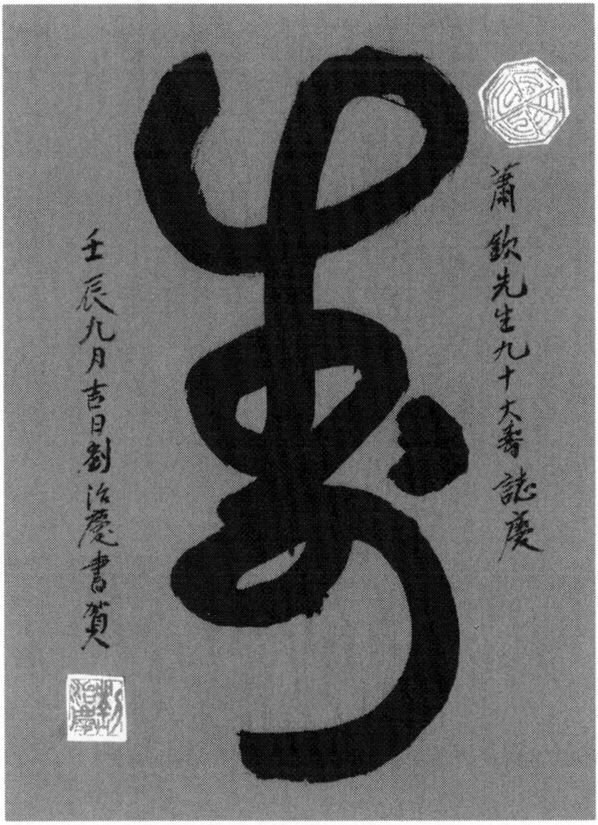
壽
蕭欽先生九十大壽誌慶
壬辰九月吉日劉治慶書賀

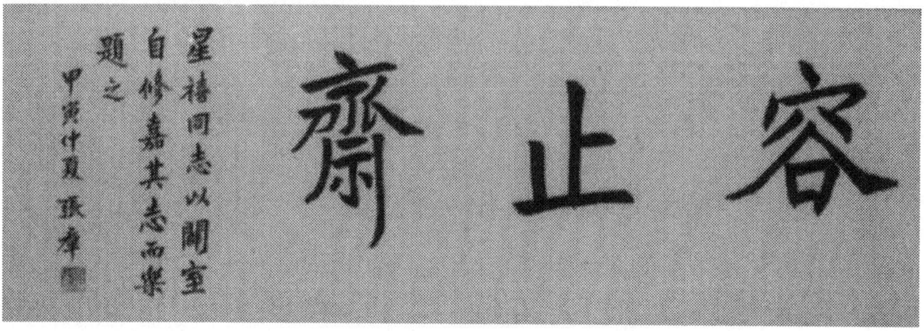
容止齋
星禧同志以閑室自修嘉其志而樂題之
甲寅仲夏

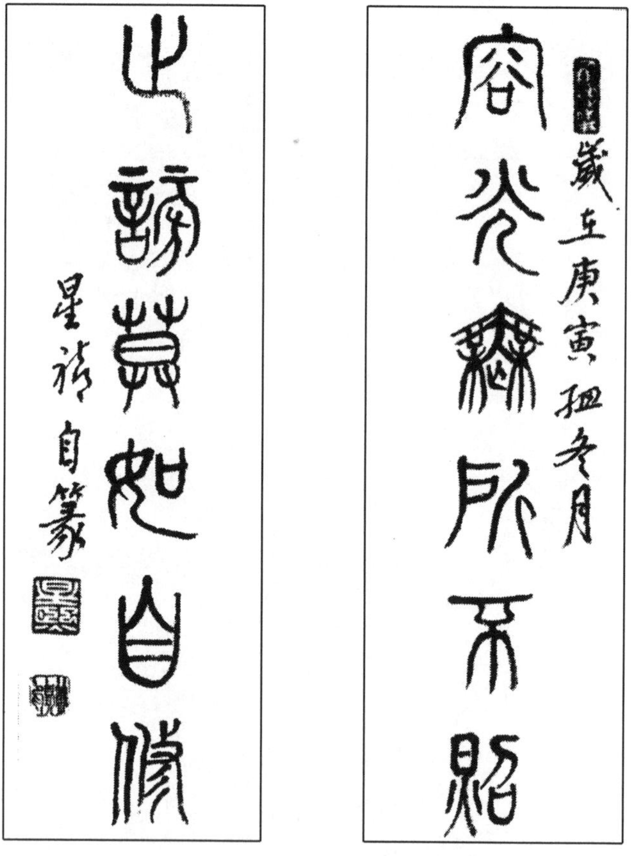
容光無所不照
歲在庚寅仲冬月
止謗莫如自修
星禧自篆

蔡序

山川瑰奇、鍾毓曼衍、觀夫衡嶽鍾湘鄂之靈、洞庭跨兩湖之勝、聚秀流徽、代出才賢、光於史冊、地靈而人傑也、語云惟楚有材、非虛譽焉、湖北蕭氏為鄂南望族、蕭　欽先生、幼承庭訓、敦詩禮而篤敏、好吟詠、若天成、自髫齡而來、髮涵泳於經書古文辭詩學中、年未冠已能握管為文、辭賦成吟、老儒所許、適抗戰勝利、憤烽烟又起、投筆從戎、側身於整軍紀保民安之憲兵行列中、嗣經特考、改任從政、歷總統府而監察院、自科秘而簡任編纂專門委員、以詩文辭聞於殿堂、以是筆墨之勞、與聲華並起、代庖之作、摛藻采之長、所為壽賀誄祭之文、與夫序跋銘記、歷代人物名公鉅卿、懿績事略、擷其筆下、或頌天保九如、或揚潛德幽光、百餘篇文賅敘詳、堪稱淵識、其詩善於用事、充滿情性、識見溢於篇什、意境出於自然、計分萬里征程、解甲從政、致仕淨修、酬名慶賀四大類、都六百餘首、可謂夥矣、其秀氣靈穆自微氣象、非淺俗所能窺其涯際也、格帖方面、為數不鮮、屬對和協、聲韻流暢、餘事也、重在含義深遠、而有啟迪鼓勵之功能、蕭君之作、類皆如是、可喜也、茲和其詩文聯為一集問世、讀是集者、得一舉而獲三到焉、民國九十九年庚寅夏吉

曉學齋主蔡其新　時年九十有一

張序

鄂之陽新縣，余識兩人焉。一為書法代聯文泰斗成公惕軒先生，乃私塾出身，彊學篤行，自修法政財經諸學，而獲高考及第，由胥吏晉要職，薦而洊升，特任歷四屆考試院考試委員，並主持國家考試之文哲組，不肖累蒙擢拔，得參與高層之命題閱卷，而榮膺典試委員。及公殁後一年，余亦於七十九年蒙層峯提名，經國會同意，而榮膺第八屆考試委員，並主持文哲組，凡所經歷，大抵與公雷同，惟才識自愧遠甚，私竊以師事之，然不得立程門一日也。

一為舊任陽新縣立同鄉會理事長之蕭欽先生，早年于役憲兵，於民國四十五年入憲兵學校專修學生班五期受訓，時余任國文講席，得觀其課業及所為吟詠，乃知其幼入私塾，讀畢四書五經，於詩古文辭已有根柢，又好書法，於四體之書均有臨摹，因特寄以厚望！故自離校以至由軍轉政，並一度共事，相期至屆任退休，嗣又從余入中華學術院詩學研究所以昌明詩學為職志，相識五十餘年，每晤言一室，或鷗鷺聯吟，從不改嚮日所習稱，此則年相若，道相若，余愧不敢以師自居也。

陽新縣，位置於三國吳，隋改曰永興，明省入興國州，至民國始改今名。余固孤陋寡聞，而交遊不廣，於陽新有若谷之道者，惟此兩人，均在亦師亦友之間。成公道德文章，為世所重，人固知之；而蕭君亦瑰意琦行，卓犖不羣者也。今以容止齋輯其文、詩（詩鐘）、詞、聯等，分別梓行，囑余一言以為序。余既不敢以不文辭，亦情所不容，以年老體衰為拒，爰略述締交之由，聊答雅命而已。至其各類作品之高下，余不便有所軒輊，容待海內外賢達匡之教之，是所同企！

中華民國九十九年庚寅仲春吉旦　清基張定成

自序

廿年學劍，萬里征程。憂國許身，拋頭顱以洒熱血；戍邊靖亂，忘生死而之遐荒。無如歲月蹉跎，陸沉感憤。竄身海外，牽腸多鄉國之愁；翹首中原，極目有河山之異。每自情懷富水，摭閒詩輯蓬萊。聊以寫憂，藉抒所志。但時逢際會，獲緣洊入蘭臺為幕友，致對酬應之作，日積漸多，遂合併在營、在政及致仕諸階段之詩詞等，爰加彙整，概分為：萬里征程、解甲從政、致仕淨修、酬世應用及折枝詩餘等五篇，都為一集。豈敢敝帚自珍！甚望拋磚引玉。至希詩學前驅，吟壇健者，教而正之。

中華民國九十九年歲次庚寅王春　鄂南**蕭欽**謹識

卷首說明

一、容止齋詩、詞，自民國三十五年起至今約六十餘載，累計詩（詩鐘、新詩）、詞稿件，概分五篇，茲將原自序充實，並將　諸前輩題詞及序文錄於卷首。

二、撰詩、詞中常有記年、月等字樣，因閱時過久。只是大體記載而已，故又稱為詩史。

三、本詩、詞稿件錯誤難免，敬祈賜正。

容止齋詩集目次

鄂南 蕭欽著

貳、解甲從政篇

壹、萬里征程篇

從軍行

江漢從戎去。雲龍樹楷模。魯南平禍禮。蘇北護京都。兩浦遭誣事。
三邦抑叛徒。瓊榆悲絕食。寶島慶歡呼。再學孫吳術。重開錦繡圖。

兗徐二役後重晤李（超凡）王（東學）兩兄感賦民卅八年

泗水彭城參戰役。饑寒交迫苦連天。幾番風雨同舟濟。不愧三生有幸緣。

受命赴芷江綏靖口號

一望湘西烽火烈。莫悲芷水無收拾。阿儂此去真英豪。踏遍五溪魔鬼泣。

注：五溪，即雄溪、樠溪、西溪、潕溪及辰溪等

過桃源洞

彎彎曲曲傍溪行。只有迷津不見人。端的桃源仙境地。漸來深處漸無塵。

甕子洞

甕子洞鑲功果鍊。柳林汊襯馬鞍洲。懸巖絕壁開通道。破浪乘風泛巨舟。

洞庭溪

洞庭溪口碧澄潭。清浪灘頭水激湍。源遠流長千澗落。雪山武嶺兩峰寒。

水心菴

雲山四壁擁晴嵐。白浪滔滔造化參。危石巖巖甕子洞。中流砥柱水心菴。

沅江洲上口占

獨坐船艙意悄然。呼僮把酒步江邊。愁來灘畔濯流水。興至洲頭嘯碧天。痛飲三杯饒樂趣。高歌一曲總情牽。峰迴路轉夕陽下。未覺遊人歸意焉。

送別李超凡、王學東之重慶

送君不必唱驪歌。薛劍青萍尚待磨。甘苦同嘗思往事。魯南蘇北共揮戈。

寄問李超凡王學東二兄

久別思君客路孤。長橋漫步一聲吁。臨風猶記彈冠笑。先達陪都得意乎。

注：陪都，係指重慶市。

貴陽八景

一、銅像臺

池中獅臥匠心裁。風景清幽面面開。最是威嚴銅鑄像。頂天立地一靈臺。

二、化龍橋

景色滿城無盡幽。化龍橋臥逐波流。絃歌到處紛紛起。嫋嫋餘音使我悠。

三、麒麟洞

蒼壁黔岩垂白鍊。麒麟洞裏老僧眠。分明睹得清溪水。穿過堂前斷復連。

四、螺獅山

重重盤頂似尖螺。日暮歸鴉巧弄梭。夜半鐘聲驚旅戍。心多逆事受消磨。

五、仙人洞

茂林修竹似仙居。洞口雲深俗氣除。虎踞龍蟠秋色好。登高舒嘯幾躊躇。

六、東山

行杖欲罷苦蹉跎。我徂東山意若何。翹首但觀簷角外。斷腸惟有牧童過。

七、南明堂

雲山四壁一堂迎。花木濃陰分外明。曲徑徘徊增感慨。夕陽西下雁南征。

八、南明大橋

行空複道跨長河。兩岸樓臺甲秀多。游目騁懷思雅集。春花秋月點銀波。

晨　興

聞雞起舞健男兒。唱曉黎明賦好詩。莫道此中無樂趣。須知塞外有淒其。

書　感

離別家園已數秋。韶光不再逐波流。傷心恨未鋤奸盡。猶任猖狂亂九州。

聞歌憶舊民國卅八年十二月于貴州屠雲關

當年此日困徐州。西出南奔鬭戰途。炮火連天豈我痛。饑寒交迫遍人愁。三軍司命擁車馬。九死何生付野疇。歌女不知亡國恨。隔牆猶唱百花洲。

其　二

人在西南志在東。奚因無計拯時窮。歷年情景多遷異。累月風雲總不同。過去生涯困蘇北。未來熱望復華中。猖狂也應停歌曲。效法木蘭立國功。

庭階趣吟

紅妝乍過石階邊。三五輕移步步蓮。玉貌嬌嬈牽我愛。仙姿倩影動人憐。靈犀相叩非無意。水乳交融似有緣。悄立樓頭頻倚翠。箇儂默對總纏綿。

贈　別

湘黔滇粵共征鞍。合影留為異日看。聚既無緣離亦好。一聲珍重酒杯乾。

飛瓊島有感民國卅八年十二月

蘇北海南萬里長。不辭跋涉衣戎裝。春風瓊島氣蓬勃。恢復中原固國疆。

榆林港觀潮

樹映雲端日。風生水面痕。海潮觀起落。吟望最傷神。

基隆即景民國卅九年三月

青山碧水抱城灣。山自凌空水自閒。霧鎖雲封透一角。霞光斜射石欄斑。

基隆雨港即事

連朝苦雨至。積水滿街流。路上行人少。渡頭泛艀浮。雲封岩半壁。霧籠市中樓。欲識明晨霽。東風願與不。

通化山莊休養

話道連朝雨。瀟瀟動客情。暮鴉悲亂世。晨雀語昇平。水落溪流急。風來室滿盈。無窮心上事。都向病邊生。

雨霽

久雨天初霽。嵐光映翠微。長虹橫海際。孤鶩接天飛。野燕歌晴靄。風帆掛夕暉。瑯琊無限好。賞玩卻忘歸。

赴嘉義療養院探視百順弟

壯志未酬抱恙身。風雲險急正愁人。揚鞭有日還京闕。行見中原萬里春。

寄懷袁觀漁兄

與君握別記徐州。屈指為時又一秋。千種愁腸千種恨。萬分苦惱萬分憂。雲山吟望常單隻。夜月懸明念侶儔。若得勝期重際會。連床風雨話從頭。

詠　松

秋日菁菁冬日叢。身披鱗甲鬥霜風。高盤峻嶺濤聲吼。獨號大夫勁節松。

詠　竹

竹本虛心君子風。獨凌冰雪傲嚴冬。不爭先後居中節。並愛梅花拜老松。

詠　梅

雪鍊霜摧庾嶺梅。越寒越冷越芳開。迎春送臘非無意。煥發新機五福來。

題贈小照

莫嫌斯小照。追憶識容顏。君我交車笠。情深手足間。

寄贈諸友

眾自高飛去。甘居獨我留。點睛龍破壁。傷翅鳥歸休。且喜餘身在。謾談名利求。為君他日祝。除暴復神州。

贈別楊華傑徐超群等十友赴鳳山受訓

相逢告別意匆匆。各逞長才勵反攻。同德同心依眾士。合群合力望諸兄。堅貞磨鍊還當健。忍苦洪爐莫放鬆。預祝他時領軍日。中興華夏建奇功。

端節感事

雨洒端陽節。焦思百感傷。幽燕沉赤虎。回藏飽貪狼。正氣沖霄漢。雄心振紀綱。蒲觴酹碧海。鐵血奠家鄉。

喫花生仁有感

落花生愛著紅衣。粒粒珍饈顆顆珠。可恨世人真慘酷。咬牙嚼得粉身無。

中秋感賦

戎衣五度中秋節。海外題糕又一年。翹首雲天何處是。盡除蛇蠍賦歸田。

題畫錦尾雞

紙上一株樹。樹藏錦尾雞。雞鳴驚曉日。日出凱歸時。

題　畫

寒梅瘦得影如無。倒映澄潭掛兩株。一葉飄飄何處去。秋風冷月伴西湖。

呈魏夫子德膏（字澤民）合照乙幀

兩個湘兒一鄂童。合呈小照示尊崇。休嫌弟子無才識。但佩良師有德風；八載心勞勤教導。六旬耆老蜚聲隆。勿云此際飄零甚。他日學成大不同。

南機場營區書感

彎彎淡水伴營房。綠映園林碧上窗。八百健兒如虎躍。一枝勁旅奮鷹揚。枕戈原為拯黎庶。執馬無非護憲章。正義歌聲盈寶島。驅除邪惡復華邦。

贈汽車駕駛員

得心應手握方盤。千里征程一日還。直待王師登大陸。願君踏破賀蘭山。

醉　歌

天涯飄泊兮我無家。白駒過隙兮感韶華。國旗飄揚兮現彩霞。世事紛紜兮無正邪。能伸能屈兮有足誇。窮且益堅兮矢靡它。三軍壯士兮奏悲笳。躍馬揮戈兮渡海涯。掃蕩妖氛兮斬長蛇。解甲歸田兮話桑麻。

張延根兄退伍並賀高考及格

解甲歸田兮寶島為家。金榜題名兮夢筆生花。百尺竿頭兮淬礪堪誇。發揚文化兮振興中華。

黃花歌

黃花崗。黃花崗。崗燦黃花俠骨香。莫道黃花開晚節。身披金甲鬥寒霜。說黃花。憶黃花。不見黃花心更嗟。憶昔黃花映碧血。而今荒塚聽啼鴉。

慰勉友人

微恙纏身應養身。病除再論靖煙塵。揚鞭定可還疆土。快睹中原浩蕩春。

台南街頭散步

日落西山月上弦。晴雲如火化輕煙。沿街樹蔭燈光綠。一路風涼空氣鮮。朝揖鄭王門不入。轉詢謝友（指謝青同學）楊還懸。興高還是觀球賽。得失由他意自捐。

咏籃球賽

爭奪籃球戰。攻防左右聯。貴能知彼已。制敵在中前。

贈別楊子正兄

皖傑鄂英水乳融。重洋際會逞豪雄。勸君莫惜暫離別。他日還都頌大同。

次韻葆和兄遊台中公園七律

凌晨漫步興尤顛。為賞新鮮看物妍。古木參差映水綠。畫亭長短倚雲遷。湖光山色頻添意。柳暗花明淡鎖煙。端的斯園真福地。登臨誰個不言仙。

次韻葆和兄抒懷二律

世事紛紜感萬千。那堪故土遍烽煙。更雞喔喔難成夢。暮馬嘶嘶不忍眠。肯令妻兒留大陸。且憑赤手展新篇。懷鄉憂國心頭恨。勝似波濤湧上天。

其二

八載戎衣一擲梭。風雲變幻奈如何。長離故國音書少。每憶慈顏感慨多。莫道無家悲亂世。須知有斧爛殘柯。試看天塹投鞭渡。還我河山奏凱歌。

中秋感懷

節屆中秋有感傷。攜糕把餅憶阿娘。為何雲掩團圓月。祗是神州患未央。

其二

圓圓月餅餽軍中。莫道無光志已窮。策定反攻元有計。胡奴掃盡奏奇功。

採　菊

獨愛東籬下。清高姓字香。黃花迷淡月。素色妒繁霜。喜慶重陽節。偏居五柳莊。攀來三徑菊。對飲暢飛觴。

寄楊廷琛兄

遊擊健兒志氣雄。為防赤燄戍閩東。能堅搏鬥能堅守。不怕犧牲不怕兇。出敵無常抒妙策。臨機制勝奏膚功。更期踏進中原日。掃盡群魔萬里空。

元旦試筆（四十四年）

一筆揮來群鬼哭。一槍殺去河山復。我今寫此當諾言。實踐諾言造民福。

遊日月潭

疊疊重重遠近環。群峰競秀水中山。龍湖蕩漾光華淺。文廟嵯峨碧落閒。獨木小舟歌宛轉。層巒峭壁影斑斕。杵聲響徹雲衢裏。喚得遊人不忍還。

宿登山旅社

登上層樓發浩吟。山中雲海快吾心。旅居水裡（南投縣屬地）精神爽。社有嬌花伴客斟。

登台中公園望月亭

不復微雲掩太清。一輪皓潔漫天橫。登亭最是平生快。翹首長空望到明。

咏軍紀

從來時勢造英雄。一致精神盡貫通。三信心堅如鐵石。五倫首重是精忠。赴湯蹈火軍人格。受命臨危志士風。更願堅持三百秒。完成任務奏膚功。

注：三百秒。即五分鐘也。軍中常堅持最後五分鐘獲勝之意。

遊八卦山

南行奔國事。征馬玉鳴環。偶遇三知己。乍遊八卦山。猿啼驚旅戍。日落望鄉關。暫作溫泉浴。戎機未許閒。

題喜鵲朝梅圖（為張劍輝結婚而作）

紅梅朵朵開。比翼喜飛來。得意枝頭上。春光照鏡臺。

次陸錫五兄遊春原韻

遨遊海嶠作行仙。笑取垂楊遍掃煙。桃李滿園花似錦。江山浴血氣尤鮮。軍民攜手誰能後。槍筆連橫我直前。若待王師登大陸。春風化雨澤無邊。

書感

一年一度一年過。老此殘生又若何。立志重新研學術。從今奮發莫蹉跎。

林口野營時終朝綿雨忽見晴朗喜而賦之

雲霾乍散喜開晴。風雨同休快我情。天與健兒皆得意。軍鳴鼙鼓奏笳聲。從來鬥士苦無屈。畢竟英雄傳有名。我寫新詩資慶祝。回師北指看收京。

太坪嶺實彈演習紀實

坪嶺戰雲烈。轟隆動地天。指揮抒妙策。鬥士合爭先。砲發重山後。彈飛敵陣前。迂迴貓捕鼠。猛擊螳追蟬。軋軋機聲響。咚咚箭火穿。衝鋒施信號。喊話勵攻堅。警戒防偷襲。支援左右聯。目標全奪得。共奏凱歌還。

泥路行

泥路滑如油。渾身汗直流。哥哥行不得。墮地一聲牛。

課堂值日

號角聲聲催入闈。值堂登座逞權威。嚴將細語來評論。不讓滿場雲霧飛。

注：雲霧。即吞雲吐霧。指吸煙之意。

敬贈洪瀾隊長鈞座留念

洪爐鼓鑄遍瀛洲。瀾瀚無邊劍影浮。隊伍精強龍虎躍。長官勝算鼠狐收。鈞天化雨頻施沐。座上春風感最柔。留取諄諄宜適切。念茲永鍥我心頭。

賀楊華傑兄空軍官校畢業

凌雲壯志逞英豪。銀翼翺翔入九霄。但願中興飛虎將。揚威禹甸伏群妖。

春遊碧潭

兩山排闥一溪清。麗日晴和喜氣盈。靈塔巍巍昭節烈。輕舟泛碧弔橋横。

景美

佳節時逢興更悠。江（克孜）君邀我出郊遊。仙岩（即仙跡岩）高閣窮千里。景美無雙曲澗流。

奉贈魏師德膏夫子

先生何所慕。涵養性中天。治學欽明哲。為官不愛錢。清操如玉潔。矢志厲冰堅。簞食終朝樂。枕戈待旦眠。征衫勞舊雨。妙筆展新篇。著史成功偉。敲棋得勢先。酒逢知己飲。楊為故人懸。有教能無類。風高仰聖賢。

南飛燕

燕子今何去。南飛已半春。翩翩疑在目。剪剪夢輕身。北國多情意。古都斷雁鱗。傳書應有約。奚負宦遊人。

初任軍官書感

戎衣十載枕戈眠。百鍊身心志益堅。作事惟思能利國。升官休論幾多錢。豈因世亂征鞭息。為報親恩望眼穿。七尺昂藏應自負。重光日月樂堯天。

黃鶯俱樂部露天茶座聽歌感賦

漫道黃鶯曲調新。含情脈脈最迷人。輕移蓮步迎風舞。欣賞歌聲壯志伸。興至掌鳴連叫好。茶香口喝最溫淳。莫云世俗消磨盡。別有洞天不染塵。

夢中偶得

三月春歸人未歸。黃鶯倦織日斜暉。人生恍似沿堤柳。風舞飄飄何所依。

聞　說

早培藤蔓發奇葩。又見纍纍彩色霞。聞說畦瓜今已採。其中美味竟如何。

清公夫子東道小酌

不愛昏官不愛財。清談小飲笑顏開。孤高自是文人格。一醉狂歌一快哉。

贈別賀君剛強

鶴立雞群振上邦。生成落拓氣昂揚。言官未覺人生貴。治學總期國運昌。愧我無才留海嶠。羨君有志復金湯。臨行前夕留鴻爪。贈與神交誌勿忘。

題中秋彩物

欣逢佳節慶台灣。八百男兒喜笑顏。莫道異鄉為異客。蓬萊勝過好家山。

澎湖西嶼

彈丸西嶼兩三家。討活捕魚與種瓜。守著孤村守滄海。聽濤觀日數歸鴉。

注釋：一、題解：此詩係描寫「漁村生活」之詩。

二、本詩係平起，依近體詩七言絕句格律。

三、命題：澎湖西嶼四字，看來無特別意義，只是海峽中之小島而已，但島嶼中表面似乎孤單寂寞，而作者以生動筆法，使別有無限生機與樂趣，殊不易易。

四、格律：係指創作詩文所依照的格式和規律，如古典詩歌的格律，包含聲韻、對仗、結構，以至字數等。詩歌的格律是構成藝術形勢的一種重要特徵，見（白居易戲贈元九二十詩）「每被老『元』偷格律，苦教短『李』伏歌行。」

語譯：在這小如彈丸般的西嶼上居民僅兩三家而已，因島嶼上土地貧瘠，只能種植地瓜，另外是靠著出海捕魚等，養家活口。但這些漁民們除生活樸素外，思想亦單純，總是固守這孤單村落和大海，不以爲苦。且到了日落歸航登岸，吃過晚餐後，在門前石台上聽著海濤澎湃之音，觀看日落的彩霞，數數飛回來的烏鴉，而自得其樂。

探源：此詩約在公元一九五八年秋，因奉命隨憲兵連（時余任排長）赴前線金門，擔任戰地憲兵勤務，在基隆乘兵艦前往，及航行海峽中迫於風浪七級以上，不克續行，故登岸澎湖週日，藉此機會至島上各風景區觀光，余邀數同事，乘船外屬七美島，西嶼遊覽見西嶼地瘠貧困，孤村數家，生活純樸，人不堪其憂，居民不改其樂。

讀書學作文：這首詩是描述「漁村生活」小品之詩。第一句開門見山，直接點題，及所住者爲漁民，寥寥的兩三户人家與外界隔絕，無污染之惡習。第二句係描述以捕魚、種瓜爲生活主體，無聲色奢華之想，第三句說明居民固守著孤單漁村及大海的堅定意志。第四句「聽濤、觀日、數歸鴉」，把上面三句的小嶼貧瘠、生活單調、孤守無援之困窘，給純良的漁民帶來了一片活潑生機，整首詩的畫面卻非常融洽和諧，即苦中自有其樂趣，此漁民生活的寫照。

秋節寄葆和兄

今月是何月。他鄉似故鄉。題糕憑寄語。敬祝壽而康。

遠征金門口號

十億倒懸星火急。河山依舊重收拾。披肝瀝膽向西征。蕩盡中原狐鬼泣。

金門遊感四十七年五月

誰說金門窮且荒。葱蘢樹木遍山岡。兵工建設環全島。炮火揚威庇後方。鐵馬金戈衛社稷。愛民安土奠華邦。巍巍太武歌雄壯。滿座英風仰莒光。

看勞軍晚會

勞軍晚會燕鶯多。未轉珠喉亦倒戈。款款腰肢承鼓拍。輕輕舞步按聲波。歡騰士氣精神旺。振奮兵心笑語和。莫道沙場征戰苦。金門處處聽笙歌。

金門十景聯吟

金門治邑令名馳。鼙鼓笳聲天下知。魯墓鍾靈傳勝蹟。聖題昭示勵男兒。亭標無愧人欽慕。樓重莒光我靜思。太武雄風歌壯士。料羅疊浪護戎師。古甯碧血愁雲慘。忠烈崇祠苦雨悲。翠谷連塘圖八陣。寶泉蘸月酒盈卮。聯吟也為留鴻爪。悼念將軍十景詩。

書畫家

丹青書篆走龍蛇。潤墨能生萬物華。揮筆河山收眼底。臨池風雨起雲紗。環肥燕瘦藏鋒勁。繪影描聲帶彩霞。妙肖王唐稱絕藝。果然才子已名家。

次韻葆和兄並贈錫五鄉長

關山萬里盡狼煙。暮馬嘶嘶不忍眠。他日京城重際會。飛觴暢飲樂堯天。

金門十景步趙將軍家驤原韻

一、魯王古墓

千古魯王墓。靈鍾不昧神。旌封功勒石。雄峙海之濱。復國祇成恨。損軀不辱身。光榮存漢史。俎豆應豐陳。

二、毋忘在莒

奚能忘在莒。聖哲有名題。躍馬陰山北。揮戈滄海西。遺民同淬礪。鬥士不沉迷。願效田單志。一心為復齊。

三、無愧新亭

誰個能無愧。撫心不問亭。成仁惟義盡。蕩寇自邦甯。鐵血淹奴血。山青映汗青。功昭麟閣上。相對覩儀型。

四、莒光危樓

嵯峨瞻巨廈。戰跡滿岑邱。海埔潮聲急。波光劍影浮。應毋忘在莒。端莫愧斯樓。勳業誰能創。千秋姓字留。

五、料羅疊浪

料羅風晚急。滾滾怒聲來。後浪推前浪。銀堆壓玉堆。回天星斗爍。驀地水門開。一曲清悠遠。漁舟任蕩徊。

六、太武雄風

屹立金門島。雄風太武山。鄭王謀策反。禹域待征還。甲馬盈千帳。聲威震百蠻。勝棋觀一局。長嘯喜開顏。

七、古甯碧血

雲靈天暗淡。血濺古甯頭。大敵孤軍抗。群魔一戰收。忠魂歸碧落。胡骼棄洪流。華夏中興日。男兒壯志酬。

八、忠烈崇祠

青山埋俠骨。祭奠有崇祠。浩氣千秋並。精忠九有知。人天悲節烈。海甸護戎師。北定中原日。高揚復國旗。

九、寶泉蘸月

長愛古城裏。清清寶月泉。馨香藏醴釀。皓潔照山川。盈缺顏如玉。氤氳妝似烟。何妨蹲石上。一醉樂陶然。

十、翠谷連塘

風漾池中月。波心顆顆珠。連塘圖佈陣。盤谷翠環湖。壘石星羅列。荊蓁草刈除。將軍抒妙策。得意更投壺。

庵前即景

山崗夕照物華研。四望滄波漾碧天。踏遍金門村落處。風光絕美是庵前。

金門八二三砲戰賦呈李文鴻緒

從來國破家何在。亙古弓強石可穿。所向乘風征海峽。狂瀾力挽凱歌旋。

台海砲戰民國四十七年九月

台灣海峽戰雲熾。砲火轟隆動地天。觀測搜尋貓捕鼠。快攻猛擊箭焚船。彈飛敵陣群魔懾。功建史書眾士捐。鐵血男兒齊奮起。消除暴戾靖烽烟。

曇花吟

據載：曇花每隔二千年開花一次。今見其有連年開四次者。並越開越多且越艷。余奇之甚而愛之深。因作詩以記之。

曇花原一現。每著隔千年。此柯年四發。次次更濃妍。潤似美人頰。鮮如出水蓮。今晚開三瑞。容光照大千。枝枝稱獨秀。瓣瓣兆平安。斯是嬌花草。祥臻上國觀。重營連戰壘。一室滿騰歡。吾人尤愛好。更深拭目看。俯仰猶不厭。吻香嫌夜促。我今得此花。如獲希世玉。我今得此花。長夜眠勿欲。花似解人意。臨風舞一曲。花似愛民主。朵朵開自由。恥與荊榛伍。辱同茅茨儔。問花何得意。默默無言羞。花喜人自喜。人喜樂悠悠。

「一二三」自由日

韓戰當年義氣橫。不堪蹂躪竟投明。宣忠剌血披肝膽。只為自由只為生。

其二

此日欣逢一二三。自由人語縱高談。鐘聲響澈雲衢裏。喚醒迷離作義男。

憶黃鶴樓

西望中原憶武昌。舊時黃鶴貌堂堂。蛇山橫亙樓何在。江漢渾漩患未央。曩昔群賢皆畢集。而今荒塚自淒涼。遊人此日金台畔。不見飛檐掛夕陽。

敬謝王　藍先生贈「藍與黑」小說集

何如事事老風塵。慰問征夫費苦辛。助陣宣勞張士氣。敬軍得意樂春新。文壇學者捐宏著。藝苑名流有幾人。為謝先生情義重。揮戈期許定驅秦。

送別饒穎奇憲兵少尉退伍

烽火神州多難臨。胸懷壯志遠征金。文經武緯撐危局。棟木樑材荷大任。叱咤風雲聲撼嶽。縱橫海宇敵寒心。投軍報國奇男子。百戰榮歸萬姓欽。

青年節

何人締造大中華。七二英豪革命家。赫赫勳功耀青史。斑斑碧血映黃花。雄心咸抱千秋志。偉業當為萬世誇。禹甸輝煌天海闊。國威從此震歐亞。

其二

中原板蕩亂如痲。遙聽災黎盡怨嗟。苦恨年年兵燹急。痛思刻刻敵仇加。珠江夜月朦朧色。台海朝潮怒捲花。鐵血男兒酬宿願。橫刀躍馬斬長蛇。

台南市碧蘿春露天茶座（四十九年）

青山綠野物華新。雅韻風高最可人。几淨窗明塵不染。香清味永碧蘿春。

「九三」軍人節

欣逢佳節聚群英。歡宴酬庸厲甲兵。抗戰成功揮北伐。反攻勝利賴西征。神州怕聽災黎泣。寶島欣看壯士行。待得機臨鳴號角。橫刀誓眾斬長鯨。

憲部三民主義講習班開訓有感

乾坤朗朗水涓涓。啟示靈機好悟禪。大道自然真佛地。良心改變合人天。誠能寡慾斯清淨。絕對無私始聖賢。聽得天音全懺悔。安祥快樂永無邊。

贈花蓮許志剛兄

邑號花蓮自有蓮。蓮開穠豔合爭妍。蓮花含笑如傾意。莫負蓮花早締緣。

墾荒（社課）

十載台疆滯柳營。忍看故國蔓桑生。從今奮臂投荒去。萬里中原一望平。

長愛港都風景美

港都妙造奪天工。早踞南臺形勢雄。屏嶺雲霞能醉月。愛河波綠引清風。春秋閣峙連山翠。西子灣濤浴日紅。不但貿商通四海。藝文殊勝口碑同。

雨篷夜酌社課

斗篷急溜雨。滴滴盡鄉思。愁起拋書卷。興來對酒卮。雞鳴催破曉。雁斷望歸期。潮水添新漲。樓船誓我師。雲山風陣陣。淚雨灑鄉思。斗帳藏書劍。孤燈伴酒卮。不吟王粲賦。更讀岳飛詞。待飲黃龍日。揚帆萬里馳。

題山水畫

危石巉巖接大荒。四觀雲海正茫茫。波濤起伏峰迴轉。卻使孤舟一半藏。

偶　遇

余北返途中，見女旅客在車廂內埋頭看書，態度溫文端淑。向其借閱始知為海燕所著

「昨夜夢魂中」文藝小説集。感而賦之。

偶遇嬌嬈客。低頭閱讀工。細觀方始悟。「昨夜夢魂中」。

寄慰友人

功名可遇莫強追。大智若愚難得癡。如醉渾然胸似海。人生何處不相宜。

秋節戲作

淡掃輕描絕世姿。銀光映照美人兒。天真豈是狂楊態。窈窕婉如細柳枝。瀟灑襟懷懸日月。嬌嬈淑性媚鬢眉。蟾宮丹桂誰堪折。待看吳剛執斧時。

和林廣廷與淑荷小姐文定元韻

此日欣逢喜酒嚐。更吟佳句滿庭芳。蓬萊西子誇嬌美。連理重開並蒂香。

奉贈李文鴻緒致仕

先生吾所慕。淡泊一簪纓。佐石成宏業。（石部長蘅青）隨居賦遠征。（居院長覺生）清操昭豸閣。碩德著鯤瀛。此日歸田去。長歌悅性情。

斗室

室小真如斗。蝸居果不虛。窗開光四壁。學足有三餘。架上圖書滿。牀頭醴酒儲。孤燈常伴讀。吾亦愛吾廬。

讀　畫

江山入畫四時春。腕底煙雲妙筆真。滿紙生機成一片。飛潛動植最通神。

題　畫

遠渡重洋好避秦。無端終日望江津。但觀舟上披簑者。只舉釣竿不下綸。

鬥　雞

報曉民間鬧五更。慣催黑暗發長鳴。從今舍去司晨職。振翅傾身尚鬥爭。

題蹴雲圖

追奔千里勢騰空。蹴踏威生八面風。叱咤雲霄馳似電。縱橫原野壯如虹。飛沙漠漠遮天曠。滿紙嘶嘶震地聾。恍是王師揮北上。凱歌前奏大江東。

詠台灣詩

仙島蓬萊景不常。山明水秀好風光。重洋浪湧青龍舞。玉里雲飛白馬驤。日月名潭稱第一。巴陵神木竟無雙。美哉海上長城地。萬歲中華國運昌。

題畫竹

馬木軒先生以三十年來作品在國家畫廊展出。公諸社會。余感其畫竹有獨到神工特賦之。

勁節清高疏影橫。獨凌冰雪耐寒生。丹青國手木軒竹。瀟灑臨風似有聲。

感懷

韶華辜負卅餘秋。故我依然只自羞。壯志未酬功未竟。大仇無復恥無休。光陰荏苒增時感。夜色朦朧偃月鈎。世事紛爭如此局。天涯抱痛總愁愁。

步陳志謙先生自題小北投浴室元均

漫道北投小。清滄可洗心。高人登雅座。喜聽老龍吟。

教師節

欣逢佳節合尊師。桃李芬芳開滿枝。為國育才傳萬世。清風亮節令名馳。

綺夢

昨夜同綺夢。心香一片濃。有緣來聚會。無語話離衷。

自警

酒醉迷離色是刀。詩如酷愛誤征袍。從來財富多為害。養氣浩然志節高。

無　題

空谷幽蘭獨自開。微風時帶暗香來。須知溫嶠多情甚。數往南山不忍回。

思　親

記取當年壯志橫。南征北討轉台瀛。寂寥祇是思親甚。一紙音書萬縷情。

端陽懷屈

蓬瀛歲歲渡端陽。惦念靈均百感傷。何處招魂悵故國。競舟橫海弔沉湘。

北投遊感

四時春永色無邊。信步林園俗慮蠲。古木幢幢緣澗綠。畫亭靄靄倚雲妍。童歌落日鶯歌柳。晚弄流霞曉弄煙。曲徑通幽尋妙趣。放懷高臥濯清泉。

和朱定菴先生紫姑吟首章

十疊紫吟倚馬成。滿腔憂憤證詩盟。愴懷國破悲三楚。雄壯軍威撼八瀛。大局于今操左券。小朝指日靄歌笙。更期北定中原日。醉飲黃龍奏凱行。

題大鵬展翅圖

力能搏九萬。鳥國獨稱雄。展翅乘風起。威聲震太空。

醉歌限豪韻

世事紛紜滿目蒿。愴懷故國怕登高。澆愁此日親紅友。爛醉狂歌興倍豪。

聞雞

何處雞聲起。長鳴矯不群。從茲天下白。萬里淨風雲。

前題

枕邊夢醒日輪高。報曉靈禽振羽毛。聽罷啼聲全太白。當關起舞欲揮刀。

詩鄰步原玉

天涯同作客。海嶠遇詩人。韻律珠璣走。襟懷錦繡陳。曲高纔和寡。誼篤更情真。際此風雲會。清吟結善鄰。

疊前韻

浪跡蓬瀛久。尋詩慶得人。行吟情性逸。坐看斗牛陳。落筆驚風雨。憑欄羨美真。雲山千里遠。直欲結芳鄰。

次徵明宗長遊圓山動物園原韻

珍禽靈獸囿山陂。輕羽柔毛彩亦奇。繡尾鴛鴦欣展翅。錦頭虎豹得搔皮。金魚戲水翻蘋藻。孔雀開屏絢竹枝。點點梅花長頸鹿。香蹄斑馬任驅馳。

疊前韻

一片生機滿山陂。奔走飛潛勢更奇。燕翦斜風魚讀月。猿啼落日虎搔皮。蛇游大澤能露角。鳥入長空肯戀枝。交頸鴛鴦孤宿鷺。無心管領馬啼馳。

書　懷

離別慈顏二十春。日暮雲生倍愴神。歷經風雨沉舟痛。誓復山河秉國鈞。忍令烽煙瀰大陸。為平赤禍拯災民。一聲號角雄心壯。北定中原不辱身。

車過蘇花公路感賦

登程蘇澳向洄瀾。一上峰巒展笑顏。遙望天低疑海立。回觀岫峻托雲閒。騰衝越嶺層層谷。穿洞環崖處處灣。待渡黎溪臨北埔。輕車已過萬重山。

題墨蝦並賀林杰兄榮升誌慶。係湖南省人

山高有五嶽。衡岳最奇巋。水闊稱五湖。洞庭八百里。畫蝦成五龍。青龍獨專美。破壁奮風雲。前途樂無比。

讀錢濟鄂墨餘隨筆後有感

墨餘書畫在胸中。隨筆揮來氣勢雄。曲調清新詩有價。文章大塊幾人同。

贈葉莉莎五十六、九、二〇

葉葉枝枝綠映紅。莉花馥郁媚嬌濃。莎翁一語卿須記。愛是犧牲情要鍾。

橫貫公路十景題詠並序

一、魯閣峽口

太魯閣峽口與蘇花公路啣接、兩邊絕壁嶙峋、瀑布騰瀉。西望公路蜿蜒沿入；東觀滄海洶濤怒吼。另有弔橋橫跨立霧溪口。蔚為奇景。

峽谷嶙峋飛白練。長橋高閣互爭妍。
泉聲細訴濤聲吼。處處怡人俗慮蠲。

二、飛瀑長春

長春祠、係供奉殉職員工靈位所建。仰觀魯閣、直立峽嶺之巔；俯瞰鐵橋。橫臥溪流之上。聽飛瀑濤聲。如泣如訴！看畫亭赤壁。古色古香。此東線最為壯觀之勝境也。

長春億載樹崇祠。到此遊人每弔之。
絕壁峭巖鍾毓秀。淙淙瀉玉也含悲！

三、寧安虹橋

寧安橋。乃遠東別創一格之鐵索橋。雖載重二十公噸。亦不搖動。橋端小山洞內。即不動天王廟。為歷代山胞所供奉。香火鼎盛。時人特建此橋。以資紀念。

石窟森森小廟堂。山胞歷代祀蒸嘗。
非關鐵索橋安穩。不動祇應有天王。

四、百燕鳴谷

燕子口。均為連貫懸崖隧道。外緣有欄杆裝置。形成曲折走廊；隔谷皆石孔毗連。滿佈燕居巢穴。清風習習。傳來呢喃燕語。石壁斑斑。反映綺麗霞光。

銅巖鐵壁鑿迴廊。無語憑欄對夕陽。
百燕呢喃歌出谷。和鳴好似鳳求凰。

五、九曲環洞

九曲洞與燕子口緊接。洞深幽靜。溪流急湍。九曲迴腸。數不盡蜿蜒曲折；千尋峭壁。點綴些翠羽丹霞。憑欄佇望。雲海茫茫無路；空谷回音。雨絲灑灑皆風。

山外青山碧萬重。洞中有洞影幢幢。

雲峰雲海疑無路。欲雨欲晴滿壑風。

六、龍橋碧血

保土衛民。高山族抗日犧牲；測量鑿壁。工程師靳珩殉職。橋畔闢公園。遊人小憩；園中建靈塔。來者敬思。故龍橋現改名靳珩橋。

龍橋抗暴好男兒。鑿壁殉工一代師。
靈塔巍峨昭節烈。千秋碧血倍追思。

七、虎口線天

一線天。為太魯閣之主要峽谷。兩山絕壁高聳；一泓清水長流。抬頭嶺外。只見一線青天；俯瞰谷底。卻為萬尋淵藪。人車進出半隧道中。若虎口食物之時吞時吐然。

懸巖虎口吐呑忙。萬丈深淵千仞崗。
絕壁中留天一線。探頭嶺外燦祥光。

八、合流蘭亭

合流、位於老西六及立霧兩溪匯流處。溪中孤崖突起。砥柱中流；巖頂朱亭高踞。雲煙變幻。蘭花遍巖谷。氣味郁芬芳。故名之曰蘭亭一望群巒雲霧收。芬芳蘭芷滿林丘。
孤巖砥柱亭高踞。靄靄春光禊事脩。

九、天祥平原

天祥原名大北投。上霧、大沙。兩溪拱抱左右；峰迴路轉。四望開闊平原。只聞萬壑煙聲；未見一塵囂染。誠天祥之勝地也。

群峰羅列抱雙渠。萬壑煙聲畫不如。
端的平原開福地。天祥勝境此停車。

十、文山溫泉

文山自天祥進入二、六公里。此地青山疊翠。環境明幽。又有深水溫泉一處。遊客到此已精疲神倦。若休息片刻。浴以溫泉。真有一濯心開萬慮俱忘之樂境。

日暮催歸感倦遊。文山滴翠晚風柔。
憐人最是溫泉浴。一濯心開萬慮休。

春情八首五七年

覓罷山坡復水涯。芳踪先到吉人家。雖云春訊傳消息。未見枝頭蝶戀花。（探春）

山城處處盡飛花。多少遊人醉酒家。我獨尋春來隴上。不教時節負年華。（尋春）
陰霾久雨放新晴。媚柳垂青笑送迎。遊遍瀛台尋樂趣。此中燕語動春情。（遊春）
風光明媚照窗紗。新綠無邊望眼賒。若問鶯兒啼底事。聲聲只為迓春華。（迎春）
雨霽風和海宇清。無聊也作踏春行。雲生日暮催歸去。又聽鶯兒喚友聲。（踏春）
天涯此處有芳茵。和煦風光醉擾人。銀樹金花跨絕艷。樓前吐蕊為誰春。（問春）
溪邊獨釣暮迢迢。一片飛紅瀉小橋。收拾垂綸歸入夢。孤眠猶繞待春潮。（夢春）
無端終日望春葱。春到人間照眼紅。記得春歸音訊早。桃花依舊笑春風。（望春）

秋月六章

盈盈含笑默無聲。祇恐浮雲拂掩明。忘卻衣單霜露冷。樓前坐對到三更。（對月）
最愛微雲伴月行。金蟾半掩倍含情。登樓自是平生樂。翹首長天直到明。（望月）
為因賞月上高樓。一上高樓四望收。倘許蟾宮能折桂。折來何必定封侯。（賞月）
樓前蟾影菈遲遲。佇待西廂已有時。漫笑詩人吟興發。問卿何日答儂詩。（待月）
樓頭正欲伴嫦娥。對此良宵一放歌。夜半更殘神不倦。團圓入夢鵲填河。（伴月）
有月無詩俗了人。有詩無酒不精神。酒能醉月添詩興。月卻催詩格調新。（醉月）

注釋：一、題解：這是描寫「對月飲酒」之詩。
二、本詩押上平聲十一眞韻，爲仄起平落，完全符合近體詩七言絕句之標準規格。
三、命題：「醉月」即對月飲酒之意。見（李白春夜宴桃李園序）「飛羽觴而醉月」。又（李白贈孟浩然詩），「醉月頻中聖，迷花不事君」。
四、格調：指詩人的格律聲調。（韋莊送李秀才歸荊溪詩）「人言格調勝『玄度』。」玄度，即月亮。

語譯：有了月亮的良夜而沒有詩的吟哦，人也變成庸俗不可醫了，有了好詩而沒有醇酒暢飲，就無法襯托月亮潔白無瑕的晶潤特色，由於酒能醉人而月亦醉，更頻添了作詩的豪情逸興。又由於有皎潔的月色來催促成詩之美，故其格調更爲脫俗清新。

探源：（對本詩的人物、文化、歷史、地理等說明。）
此詩約在公元一九六八年秋，余駐守基隆憲兵隊，與台灣土地銀行阮少農兄相毗鄰。有一天阮兄見月白風高，天清氣爽，於是電邀登樓，閒話家常，阮先生有鑑月光朗朗，遂取出酒肴，二人互相對飲，余吟得「醉月」七絕一首而阮兄依韻和之。

讀書學作文：一、本詩技巧：

（一）本詩在月、詩、酒三字打轉立意造句，起承轉合，段落分明，文氣通暢，如行雲流水。

（二）月雖沒有什麼情感，但有詩的韻味，以及酒的助興，所以讀來特別順口，令人可愛，而非一般刻板的寫景、寫物詩相比。

（三）詩中把月，詩、酒作同等看待，敘述三者相需相成，全詩很有推理意趣，層層發展下來，井然有條。

（四）本詩第一句是有月無詩，第二句是有詩無酒，第三句是酒、月、詩均有，且互相爲用，最後第四句以月催詩而締造清新幽雅的格調，非汎汎之作，其身價不同凡響。何以見得？自上至下，層層推演，環環相扣，首尾呼應，一氣呵成，理明辭達，有筆陣縱橫，躍然紙上之妙。

二、字眼：從月、詩，酒中最後得一「新」字來爲詩眼，使整首詩「活色生香」。

寄湘君三首

彼美人兮品貌全。含情默默總嫣然。持身有道唯勤儉。處世無奇但淑賢。兀坐針車忘歲月。獨操生計造坤乾。卿卿倘許終身願。偕老相依到百年。

其二

望卿卿，看卿卿。卿卿體態最均勻。冰肌玉潔清如許。淡抹濃妝嬌不群。動作無他惟小巧。言詞有度極溫純。我說卿卿非凡女。卿卿果爾是洛神。

其三

說卿卿，憶卿卿。卿卿聲色最嬌矜。一嚬一笑吾歡喜。半怒半瞋我更欣。瞋怒非明表情意。笑嚬卻是愛傳神。我愛卿卿如海石。千金允諾不離分。

美梅像贊

容貌十分端正。胡蘆高掛無偏。莫非天官下降。罕見洛水神仙。滿臉如來笑靨。兩耳活佛垂肩。誰云此女不美。真的福壽雙全。淑性溫文雅靜。處世忍讓為先。接物謙和有禮。律身儉樸清廉。言談嬌羞默默。舉止風度翩翩。雙手萬能技藝。楷模足式稱賢。

感　賦

天生麗質半含羞。和樂融融笑語柔。銀漢秋波憐我愛。樓中玉女不知愁。

詠蓮花

蓮葉蓮花綠映紅。薰風吹得更嬌濃。阿儂堪比周公子。試問蓮花意肯從。

自題照片58、11、8

衣冠楚楚。像是我容。欲言不語。澹宕儒風。

題小照贈靜儀60、1、8

不言不笑。似有所思。抬頭望眼。如醉如癡。

題畫並貽熙祥兄

綠竹紅梅清且香。珍禽時在曉飛翔。寫來盡是家園景。故國天涯枉斷腸。

題畫鵲與葡萄

危巖鵲立顯豪雄。不羨葡萄望碧空。氣壯山河吞八表。高音獨唱滿江紅。

題園蔬圖

小園新雨後。採得紅蘿香。可惜濃滋味。先來蚱蜢嘗。

陽明山公園雜咏

清溪流不息。萬壑響潺淙。明月無人管。短亭對遠峰。㈠

觀瀑登臺榭。聽泉枕石松。聲聲如細語。聊慰我心胸。㈡

蟬鳴驚旅戍。園景感疏黃。不倦山中客。頓來詩興狂。㈢

遊人真豪興。徜徉花影叢。不勞觀腕錶。時計有花鐘。㈣
水池噴五彩。花樣變無窮。美景神乎技。妙哉造化工。㈤
珍禽鳴且舞。似解世人情。幽鳥來相逐。胡為勢利爭。㈥

與越僑黃靜儀小姐結褵感賦四章六十年秋

從戎廿載羽書馳。北剿南來誓我師。虛度韶華霜兩鬢。而今紅葉得題詩。㈠
信乎南國美人兒。況屬華僑系一支。百數音書終願許。御風來到兩相期。㈡
靈鳳來儀千里外。采鴛繡譜仲秋時。滿堂欣喜新婚宴。美酒盈樽醉不辭。㈢
良宵如此別多姿。燭影搖紅簇錦奇。正是團圓稱樂事。卿卿我我畫娥眉。㈣

日月潭八景聯吟

日月明潭曉露稀。一樓涵碧盡禪機。弘揚師道梅亭會。墾拓蠻荒番社歸。文武廟前觀晚照。光華島畔燦朝暉。醒人最是鐘聲遠。喜覩禽園孔雀飛。

大貝湖八景聯吟

大貝名湖八景吟。湖山佳氣豁胸襟。梅崗春曉花飛雪。蓬島水光浪湧金；柳岸觀蓮蓮不污。曲橋釣月月還沉。登上高丘望遠海。探尋深樹聽鳴禽。鼎立三亭供攬勝。無邊清境總歡心。

注：一、大貝湖，現更名澄清湖，二、八景即：湖山佳氣、三亭攬勝、梅崗春曉、蓬島湧金、柳岸觀蓮、曲橋釣月、高丘望海、深樹鳴禽等。

貳、解甲從政篇

奉令由軍轉政並獲總統府論文獎

半生戎馬奮前塵。百戰沙場勇有神。偃武從茲方解甲。服公始得任親臣；會當勵志紓籌策。亦應賞心入幕賓。競賽文章經點定。榮頒優獎邁同倫。

遊獅頭山見水濂洞大佛感賦六十一年春

常開笑口樂年年。大肚能容事萬千。若問洞名來有自。門前垂幕水濂濂。

題畫石蘭

兩蘭一石似分支。醉後塗鴉畫意癡。誤作蟹形君莫笑。看它橫行到幾時。

題畫竹

生來慣畫竹。成竹藏在胸。揮毫氣磅礴。落紙意渾雄。撇葉如驟雨。添枝快臨風。寫取凌雲志。搖搖掃太空。

觀玻璃缸金魚浮沉自得感賦

龍睛鳳尾少同儔。俯仰浮沉樂自由。豈羡茫茫滄海闊。養尊養晦寄金甌。

猛虎行

猛虎下山崗。威風震八荒。仰天一長嘯。群小盡潛藏。

次韻陳蔚老〈統桂〉金門行詩三章六十二年七月二日

一、金島重遊

一片平疇綠野新。青葱草木眼邊陳。望中海浪千堆雪。砲裏金門百戰身。行抵馬山知險要。遙觀禹陸痛沉淪。重遊陣地增時感。舊日守臣今作賓。

二、入擎天廳

巍峨太武一堅壘。深廣天廳號令臺。偽網遮天天也瞶。迷津漫地地埋雷。陣中龍虎騰騰嘯。海上風雲躍躍開。憶昔敵軍奔突處。搴旗斬將我曾來。

三、最長一日

曉發晚歸白露初。乘機往返復乘車。騰雲駕霧三千里。瞰海觀山萬卷書。太武雄峰歌壯烈。古寧碧血嘆噓咀。最長一日堪回憶。不負此行得句餘。

永和小築落成誌感六十三年八月

壬子春，奉令外職停役，調介壽館任職。次年購得台北縣永和市竹林路華安公寓四樓，迄甲寅秋落成，情不自禁，爰賦詩四首，聊以抒懷。

離落他鄉夜夜思。賦歸無計卜何期。飄零我似營巢燕。贏得危樓寄一枝。(一)

卸卻戎衣豈忍為。祇因浪迹且棲遲。蓬廬買得邉言易。集腋成裘未貸資。(二)
小築落成喜得宜。紫微高照福星熙。門環溪水藍如帶。更看名山景物奇。(三)
幽居且愛超塵俗。笑語妻兒樂自由。待上層樓憑望遠。白雲深處有嚴慈。(四)

容止齋題壁

仲尼曰：「容止可觀，進退可度」。又謂：色思溫、貌思恭，行思可樂」。足見舉止儀容之於處世也大矣。書云：「有容德為大」。大學云：「止於至善」。皆進德修業之箴也。因以容止名齋，不亦可乎？

豪奢何足羨。容止便居安。華髮斑斑見。游心處處寬。清風來几席。明月照簷欄。書法耽飛白。蕭齋起壯觀。

詠情關

人謂情關苦樂嘗。情人關外久傍徨。情深意愜關難鎖。闖入情關甜夢鄉。

題畫貓

欲覩山中虎。何如家看貓。山虎兇還猛。家貓美且嬌。

題畫兔

靜如閨閣女。動果兔奔山。此兔深藏窟。恬然夢一般。

題山水畫

晚來風定釣絲閒。獨坐孤舟對遠山。秋水長天共一色。遙聽塞外唱陽關。

觀畫室有感

畫工真有天然美。情景渾如物我忘。妙肖不凡非意造。塗塗點點放光芒。

香港李德成君贈油畫乙幅喜而賦之

楓林處處籠輕紗。數數煙村四五家。莫道秋深前路遠。長空破曉有朝霞。

方嘉才兄賜詩答和

方解戎衣入府中。嘉評早譽擅鴻文。才華不露真才子。兄果彌堅並雪筠。

題達摩祖師畫像

人海茫茫感逝波。蒼生噩噩何其多。我心即佛通禪理。法號祖師一達摩。

偶　感

埋頭臺案好臨池。紙上縱橫如醉癡。篆隸草真無妙訣。凝神運轉用毛椎。

題四君子圖

梅開冰操亮。蘭放苾芬揚。竹葉迎風翠。菊苞帶露黃。

淡水河濱散步

夕陽西下晚風輕。淡水河濱放浪行。倒影奇峰偏愛我。一波一疊倍含情。

六十四年秋闈監考感賦

莘莘學子入秋闈。振筆疾書滿紙飛。國育英才欣有託。中興在望待時機。

批閱〈生活記趣〉文卷感賦

似假似真休論定。痴人痴事話珠聯。古今代有奇聞出。大膽文章又一篇。

閱〈夢痕心影〉文卷感賦

拈筆批文妙足論。漫遊大陸與金門。夢中美景心酸事。醒後依然有淚痕。

抄錄王監委冠吾詩與聯後感賦一律

錄罷對聯又錄詩。摛辭驚嘆出新奇。輕描淡寫平常句。窮究深研絕妙詞。多彩多姿饒趣味。有才有德是經師。風高柏署聲響謣。四十年來眾口碑。

新竹青草湖遊感

青草湖邊青草長。草長搖曳好風光。寺深靈隱通幽徑。眾信祈求拜佛堂。修竹抱山亭映綠。蒼松覆地夏生涼。道途攤販紛紛喚。土產貢丸色味香。

溪頭旅遊即事六十七年

休假旅遊問去程。輕車馳道過延平。鳳山竹似鳳飛舞。鹿谷苑聞鹿和鳴。神木千齡新杪秀。學池半畝弔橋橫。溪泉好煮烏龍茗。美味芳騰遠近名。

面壁

丙辰春來監院任編審。歷時兩載餘矣。戊午孟夏，始調整秘書職，閱月，奉兼秘書長辦公室主任，祇以加重責任而已，同僚咸為賀之，余以辦公處所暗暗幽光，一團鬱氣，清靜有餘，亮爽則稍感不足，是以見仁見智，人言人殊，乃無所應，惟面壁而已。偶占五律兩首，以慰！以勉！

面壁端而坐。終朝默默然。人皆多所臆。吾亦寡其言。朗朗乾坤大。幽幽堂奧玄。心清禪味永。涵養性中天。

面壁孤燈下。心湖一鏡開。且期觀世態。莫負濟時才。靜坐閒思過。有緣惠肯來。漫云斯陋室。養晦待春雷。

感事

落落中年感萬端。側身天地此盤桓。才堪濟世遲遲誤。事到求人處處難。驥櫪志存千里遠。鵬程勢在九霄摶。儒生報國終須仗。會有奇逢見達觀。

題畫竹

個個標奇節。枝枝耐歲寒。參天凌浩蕩。蔽日蔭平安。淡抹風梳雨。輕搖鳳舞鸞。伴居能免俗。莫作畫圖看。

老　兵

老兵不死健如神。留得昂藏七尺身。案牘差堪娛晚歲。樂夫天命復忘貧。

我　生

吾生不慣為人師。恐誤他人笑我癡。休道迂儒慵且懶。存仁者壽有誰知。

閨　怨

何來消瘦減容光。半為思郎半恨郎。鬱鬱祇因離我遠。癡癡猶望伴君旁。也曾終夜長開眼。每值黃昏總掛腸。寄語重洋休久戀。閨中還有女紅妝。

德禽頌

人間底事睡沉沉。唱曉勞君報五更。莫道籬邊爭鶩食。最難風雨發長鳴。

題山水畫

重重疊疊山。曲曲彎彎水。樹樹並參天。花花爭比美。欸乃棹歌聲。淵澂潭見底。舟中遇故人。道左逢君子。虎嘯出臨風。禽鳴飛勿矢。庶民安所安。獵者止其止。既同鹿麀麋。復看魚鰋鯉。員遊且員遊。樂只真樂只。

國旗頌

白日青天正義旗。光芒萬丈漢威儀。凌空一幟飄飄舞。帶礪山河復舊規。

貫徹三民主義統一中國頌

主義三民貫。中華大國風。江山歸一統。仁政萬邦崇。

大綠萼梅

萼以霜天綠。芳從雪地清。冰心存一片。毋懼苦寒生。

咏　梅

梅以經霜艷。花開傲雪姿。丈夫悲亂世。不用嘆非時。

讀中庸感賦

不偏不易杖仁風。大道之行天下通。南北方強柔以教。是非明辨稟乎公。危微精一傳心法。位育中和濟事功。人類持平誠最貴。極權到底患無窮。

再題達摩祖師畫像

苦渡眾生一葦航。莊嚴佛像自堂堂。心無罣礙胸襟闊。行腳山川俗慮忘。

寒　梅

冰結霜凝玉滿枝。冷香吹送更多姿。嶺頭一片雪成海。月地尋詩得句奇。

大溪八景聯吟

大溪八景景非常，洞口雲深松柏蒼。大漢天威疑虎嘯，小烏飛瀑見龍驤；石門晨霧浮波綠，角板夕陽照壑黃；朝看高台旭日燦，晚聞蓮座鐘聲揚。或遊或憩從吾意，亭榭滿園好納涼。

注：八景即：洞口雲深、溪園亭榭、大漢天威、小烏飛瀑、石門晨霧、角板夕陽、高台旭日、蓮座鐘聲等。

駿馬圖

由來際遇有窮通。伯樂人間不易逢。伏櫪久潛千里志。脫韁長騁萬夫雄。是何意態如龍虎。無比神姿若電風。踏遍中原橫大漠。揚威塞北已群空。

贈監利王軼猛書法家

張董事長佩芬女士邀宴王軼猛書法家，余忝作陪，酒興正濃，囑賦詩以貽，章成五古，敬呈粲正。

君本故鄉人。深知故鄉事。監利創刊者。考獻非營利。更促諸鄉親。中興齊鼓吹。藉敘家鄉情。激發還鄉志。揚芬重時賢。光前迪後嗣。去國憶家園。詳介桑梓地。壯麗好河山。一別卅年淚。統一計何如?三民有主義。他日還京師。同謳復國記。君書法右軍。勢如鵬展翅。騰譽滿東瀛。美哉換鵝字。復營文化業。兼擅陶朱智。大順辭典書。倡明查檢易。電腦能儲藏。資訊粲大備。瀟灑老饕人。千杯難得醉。酒豪詩亦豪。詩豪酬雅意。

慰焦志遠鄉長

焦志遠鄉兄接家書，心傷淚下作詩十八首，讀之愴然，和詩慰之。

既接家書應大歡。胡為傷痛自摧殘。擦乾眼淚消悲憤。教導兒曹學據鞍。

其二

民愁國亂豈旁觀。要忍千秋克萬難。虐政轉形時未到。陳吳定起揭秦竿。

箴言詩

處世立身重守誠。求精求實復求行。謙能受益滿招損。躁極則昏靜自明。思過者賢人負我。吃虧是福輸猶贏。死生來去尋常事。得失窮通莫用爭。

題龍蝦

好躍善游戲藻蘋。拳鉗披甲豈防身？問渠那得膺龍譽。更闖江湖任屈伸。

題牡丹

香艷無倫比。紫紅滿樹花。年年開富貴。歲歲享榮華。

茶宴感賦

毛尖雀舌此中探。香比美人更夢酣。長品怡情延歲月。春來怎不憶江南。

迎張直筆先生返台

喜見先生雙到台，疾風勁草莫能摧，豪情節概如當日，應覩中興衣錦回。

送別張直筆先生

雄心未滅又離台，異域聯僑滅禍胎，號角一聲如奏發，金戈鐵馬淨塵埃。

次韻彭賡虞先生遊美原玉

所欲從心出壯遊，雲行北美過瀛洲，觀光還為敦邦誼，覽勝不曾作客留，舊德宣揚弘教

化，新知吸取更藏修，老成謀國殷憂遠，日日強登百尺樓，

寒梅限八庚韻

花燦霜威出，香騰冰雪生，孤山惟友鶴，一白表精誠，

雙十光輝耀國旗

雙十光輝耀國旗。毋忘生教樹宏規。民康物阜居安樂。全賴中樞大有為。㈠

隻十光輝耀國旗。象徵大業正昌期。載歌載舞民心奮。魚躍鳶飛意可知。㈡

梅花報國

年年風雪亂交加。籠罩孤山處士家。身是臞仙寒徹骨。珠含玉蕊淨無瑕。憑將一白高天下。帶領群芳顯物華。長抱堅貞心似鐵。獨懷忠愛國中花。

又思親

傳來芳訊喜抽芽。開遍山坡與水涯。貞幹成林枝掛玉。暗香疏影蕊含霞。格高孤傲無雙品。韻勝清癯第一花。遙憶江南嶺上樹。吟魂夜夜夢還家。

嶺　梅

玉骨冰肌庾更奇。橫斜疏影傲霜枝。孤山嶺上春先報。瓣瓣清香暗暗吹。

贈素珍小姐

長途馳騁莫停驂。久戀璇閨情更酣。素性堅貞終不改。珍心自有苦回甘。

步涂靜華兄圓山晚眺元玉

青山岌岌峙河東。兩岸車馳舞柳風。夜半鐘聲澄水碧。月高殿影映波紅。長存浩氣照忠烈。不老層峰現彩虹。溯記名潭藏古劍。南溟龍化待時中。

題山水長卷

如畫江山氣勢豪。一峰更比一峰高。是誰運此神來筆。水閣煙村萬樹濤。

贈蔡福雄賢棣

大事重氣魄。小事宜謹敬。難事須忍耐。易事更妥慎。

題牡丹水仙及梅畫軸

喜見名花開滿園。千紅萬紫耀乾坤。丹仙鬥艷誇雙美。最愛寒梅孕國魂。

題仕女圖七十四年

莫非南海大觀音。又像天中降洛神。自是佳人多雅麗。果然脫俗出風塵。

難忘的一年闡述韻語

事事成追憶。詩詩韻語鏘。年年雖好轉。字字總難忘。

金鼎書香七律陽韻社課

詩書自古耀門牆。樂道寒儒貴帝王。可化干戈為玉帛。能弭寇賊固金湯。文章華國千秋盛。禮義傳家萬世芳。今喜瀛臺香馥郁。共襄鼎舉步虞唐。

咏　梅

冰肌玉骨不爭妍。錯節盤根志向堅。消受年年風雪慣。芳心艷吐百花先。

咏　正

正人正己正其心。守正不阿四海欽。正本清源存正義。大中至正貴如金。

咏　忠

忠國忠民忠祖神。忠貞不二在行仁。忠臣孝子人稱敬。為己首須忠別人。

咏　誠

居家處世貴存誠。誠可格天善果生。誠以待人贏信譽。精誠所至事終成。

贈楊恒琳小姐

琳花瑤草不尋常。八面玲瓏一鳳凰。巾幗英豪男子志。家庭自此女權張。

贈林淵雕刻家

鳩雕其技。刀筆生花。民間一老。藝苑奇葩。

贈陳鄭麗華國畫家

麗質天生氣度開。華而不露是真才。畫山畫水畫情意。家國兩全忠愛哉。

和涂篤敬貽詩

青少投軍奮執戈。也穿金甲保山河。兗徐戰地冰霜厲。台海烽天勝利歌。偃武修文勞筆底。依人作嫁愧秋波。敢云和韻聯詩句。半展心聲半琢磨。

雜詠三首

青山郭外斜。獨步水之涯。不問人間事。悠游到處家。

其二

閒坐松陰下。聽泉倚石吟。觀雲輕片片。出岫本無心。

其三

柱杖行吟裏。悠然對遠山。長松風擾韻。小澗水潺潺。

題畫蘭石

幾筆揮來氣勢遒。蘭芳葉翠總清幽。與誰相伴為親友。不是松梅是石頭。

周旭薇小姐榮獲金穗獎誌慶

胸中羅錦繡。影象有還無。劇情回妙手。金獎落大家。

注：家讀姑、大家、女子之尊稱。

擬張効忠氏派下排行詩

國正家聲振。移台更族興。忠誠勤敬業。道德永傳承。派系期繁盛。義仁作準繩。忍人長納福。介壽慶榮礽。禮法嚴遵守。功名美報稱。子孫全孝友。世代盡賢能。

題潑墨山水七十八年

塗淡塗濃盡墨痕。崇山峻嶺陣雲屯。濛濛煙霧疑無路。曲澗通幽又一村。

山居圖

層巒疊翠山。彎曲長流水。山水有清音。風光尤秀美。悠然居處安。樂也何能比。繞室李桃芳。如坐春風裏。

白描畫馬七十九年

白馬云非馬。公孫正名實。赤兔千里馳。白駒四蹄疾。嘶嘶戰壘鳴。躍躍中原日。逐鹿入關中。等教看統一。

畫馬感賦

駿馬當年萬里馳。風雲叱咤展雄姿。有時失寵嘶聲寂。伏櫪韜光運轉之。

步曹之冠兄「四景區三日遊」原玉

一、墾丁公園

早經遊覽至鵝鑾。更入墾丁仔細觀。虬木鬱葱多馥蔭。雲巖奇特不常看。來登古道探名勝。莫笑寒儒羨達官。最是南溟燈塔朗。海洋導向別華巒。

二、溪頭森林

疊疊峰巒澗谷深。通幽狹道傍山林。參天竹笑迎風舞。蔽日杉籠涼氣侵。神木其神增節概。美禽之美送清音。至今回想溪頭旅。遊罷陰森浴洗心。

三、日月潭水

日月光華島臥潭。鶯梭為織柳絲藍。功能發電城不夜。景可參觀樂在涵。塔影幢幢隨浪曳。湖光皓皓共霞探。漁歌欸乃澄波綠。到此遊人且停驂。

四、烏來雲仙樂園

詩人墨客喜來遊。一到雲仙盡日留。環岫浮雲如畫本。依山傑閣為賓酬。纜車御過騰空感。石級攀登伴水流。自是懸巖垂白練。馳名早注我心頭。

黑馬圖

黑馬非馬黑。言事出奇特。出前寂寂聲。出後嘶嘶嚇。八面威風揚。一時英譽即。飛馳千里功。伯樂早為識。

鄉思 80、5、20

久離鄉井。各自東西。但親情與同學之誼。在在均顯現眼前。故里家人。老者老。亡者亡。村遷地變。物換星移。能無感乎！

卅五年來離故鄉。長征南北在疆場。兗徐戰役應無命。宗祖德蔭幸未亡。渡海棲台初病弱。鍊身勵學始康強。蓬萊縱是神仙島。那有家園草木香。

萬里家書喜欲狂。行間字裡話心傷。雙親亡故恩難報。大姊年高門倚望。既在公職猶固守。豈因私己枉規章。海峽相通期未遠。癡癡等待壽添長。

題佛

大悲大智覺先覺。洞察人間諸相物。超脫時空眼力深。通神悟道證成佛。

注：佛者，智也，覺也，能洞察一切事物實相，具超脫時空眼力，故無所不知，無所不曉，是以能悟道通神，成佛證果也。又天竺以有道者號曰：佛。輕舉能飛，身有日光，殆將其神也。

題闔家事業（嵌龍慶秀宜經國亭廷等名號）

龍吟虎嘯喚風雲。慶得庭階蘭桂芬。秀出才華能淑世。宜當壽考合尊君。經營不讓陶公業。國事先憂范希文。亭樹徵祥星在戶。廷爭社稷哲士殷。

周信男榮任國代

周延議事慎思量。信仗先生修憲章。男女平權須立足。君臣佐使自主張。任重道遠功成偉。國計民生樂永康。大統中華千萬禩。代興髦俊姓名揚。

題南非葡萄酒公司

葡萄美酒產南非。釀造香醇識者希。最是陳年營養好。強身醉月快觴飛。

和致明兄惜別詩八十一年清明節

還鄉原為省親來。無奈椿萱慟早衰。父老窗朋人不識。桑田第宅物全非。長談一席舊陳事。暢飲千杯喜滿懷。放浪蓬萊生已慣。離臺毋意仍居臺。

附致明兄惜別詩

航空萬里賦歸來。把袂相看鬢已衰。廿載睽違魚雁斷。連年建設故園非。
西窗剪蠋稠交誼。東道傳杯喜暢懷。海峽風雲今漸定。留臺還是作離臺。

和本農賢阮贈詩原玉

看汝年輕藹藹親。詩清字秀品聰明。佳餚美酒兼情重。不負此行宦海人。

答和緒月弟

青少離鄉迄至今。學文習武奮鵬程。宗功祖德長酬報。父老親朋遠把迎。豈為沽名來釣譽。無非勵志以貽孫。中華統一歸民意。忠孝傳家氏族興。

和梅相明學長「故鄉戀」元韻

蓬山也有杜鵑紅。綺旎風光早獨鍾。異土長懷先祖澤。故鄉遙望白雲峰。遙思石角鳳鳴樹。怕聽嶺頭鶴唳松。想像家園何處覓。人非物變各西東。

次韻相明姊丈「富池風光」元玉

斑斑古跡吳王碑。烈烈勳昭映壁暉。江浪滔滔帆起舞。山嵐冉冉客迎歸。回觀富水流清滌。滿面春風話采薇。路遠不須愁落日。老來猶見白雲飛。

次相明兄「我愛太塘山」原韻兼探諸舅表

探親訪友太塘山。一路晴和景色嵐。處處鄉村隨水曲。層層峻嶺入雲間。慈恩難報慚為子。舅表歡迎惠懇談。喜見連綿阡陌廣。家家勤樸總攸關。

敬和趙子卿學長禪詩八十二年

詩句清而雅。行行禪意深。達觀寧靜遠。山月證知心。

次韻致明學長詩三首八十三年清明節

海外奔波甘苦嘗。未遺繼序薦馨香。美哉惟有家鄉水。落葉歸根誌勿忘。

其二

殘齡已屬七旬秋。退省林泉食俸酬。五口之家還利賴。續呼庚癸不停留。

其三

百年燕翼紹箕裘。暗想還鄉建小樓。統一遙期勞望眼。雲深海闊滯歸舟。

賀胡開誠監委就任

御史風霜任。民瘼探隱微。有為兼有守。明是復明非。匪懈驅驄馬。無慚珍繡衣。冰心懸鏡朗。鯁論樹聲威。

參、致仕淨修篇

敬步張定成夫子還鄉探親掃墓暨其拜訪危師克安翁酬答詩原玉並祈斧正（於癸酉仲冬高闈）

美夢成真返嶽湘，八千里路日非長，白雲深處佳城吉，碧海天涯甲第祥，久別還鄉童問客，耆儒作賦驥騰驤，最難阡表隴岡祭，衣錦榮歸耀祖芳，

其二

棘院掄才杖履隨，毋忘豸校拜為師，柏臺薦引充蓮幕。梓里歸來詠杜詩。嶽麓雲開欣有日。滄溟浪靜豈無期。天心倘合人心願。返旆飄揚故國時。

註：豸校，獬豸係憲兵標誌，故簡稱憲兵學校爲豸校。

靈芝頌八十四年四月

鹿角靈芝是仙草。改良體質精神好。抗癌去病轉還童。補氣通瘀永不老。久積沉疴能起生。奇難雜症有宏效。第三醫學超長波。配合治療真正妙。

咏熊貓

生性美而嬌。專餐青竹葉。一朝身價高。邦誼談妥協①；國際譽稱稀。立法禁狩獵。黑白總分明。是非都不涉。

註：①美尼克森總統訪中國大陸簽上海公報，中共特贈四川熊貓一對，以示禮遇。
②熊貓爲世界稀有動物，國際法列入保護，

敬步　龔嘉英、伏嘉謨二老「青潭春興」二律元韻

今朝有幸讀瑤章。拜領風騷引興長。春在青潭宜雅集。神交耆老以詩揚；近看小澗水波綠。遠望群峰草色香。和韻不成才學淺。樂依酒令罰三觴。

其二

東渡逃秦入晚年。幾番海峽起烽煙。經綸興革民康泰。選舉提升國譽巔；紅彈飛來何足懼？青山屹立妄攻堅。而今滄海波全定。兩岸雙贏賴智圓。

註：紅彈，指總統大選時中共對台灣所射之飛彈也。

關渡宮天上聖母頌

誰惜民間苦？惟求天上神。慈悲期向善。喜捨勸行仁；福報寧非果？禍臨尚有因。梵宮多妙諦。普度有緣人。

香港回歸誌感

香港原吾土。南疆一顆珠。恃強憑巧取。順勢得歸趨；軫念遺民痛！相矜國運蘇。摳衣還合浦。薄海共歡呼！

丁丑上巳雅集

牛年逢上巳。雅集迥尋常。濟濟高賢士。篇篇大漢章。天開清麗景。詩詠壯華岡。且看驚人句。譽聲讚滿堂。

敬和　張試委定師別玉衡樓原玉

素仰高賢察入微。經邦志道更明非。榮華不慕冰心潔。德業曾叨杖履依；絢淡忘懷無罣礙。雲煙過眼任翻飛。玉衡樓上文風盛。再睹燕公曷可希！

注：燕公即燕國公簡稱，唐張說之封號。

詩教宏揚與心靈驚蟄

驚鳥高飛降此山。人心驚蟄喜開顏。復興文化宏詩教。養活靈源濟世艱。不向豪門爭仕路。常將麗句結仙班。道揚今與騷壇約。共挽頹風何足患？

小馬哥風範馬英九之美稱

昔稱惟楚有奇材。為棟為樑許手裁。國士無雙當世重。而今趨勢轉低回。㈠

能屈能伸大丈夫。但觀談笑即通儒。言無不盡抒忠膽。伯樂當年已識駒。㈡

海天處處可通衢。不以炎涼境遇殊。明志清同雲際鶴。披懷澹共水邊凫。㈢
早看宦海暮雲橫。不負辭官班馬名。磊落高風歌遍野。三臺景慕獲尊榮。㈣

敬和致明家兄邀宴贈詩元玉八十六年五月

情歸富水我心香。千里雲山半日航。喜見鄉親迎遠客。更勞設宴快飛觴。㈠
每次返鄉把臂迎。暢談往事話離情。少年同學耆年聚。一詠一吟老更親。㈡
如兄風義薄雲天。餞飲誠邀不計錢。老健猶龍忘小恙。南山比壽福綿綿。㈢

丁丑重九雅集

九九重陽節。題糕又一年。避災營好境。雅集咏新篇。採菊經秋豔。插萸遍地妍。龍山嘲帽落。佳話至今傳。

題梅、竹、錦鯉圖

祥梅開五福，瑞竹報三多；錦鯉今龍化，騰驤震漢河。

題百鯉圖

鰲頭誰獨占，百鯉奮爭先；不是池中物，終教上九天。

夢　梅

庭園一樹梅，蝴蝶舞徘徊；似有暗香味，絲絲撲鼻來。

觀　梅

梅訊傳來早，欣觀發幾枝，莫嫌孤影淡，暗暗襲香絲。

賞　梅

結伴踵盟約，賞梅正及時。嚴冬寒滯雨，佳興樂猶癡。浮動香盈壑，橫斜蕊滿枝。山坡成雪海，憑眺一腔詩。

奉和蔡鼎新顧問粥賢十贊

欣逢粥會十週年，今已歸真有十賢①。李謝董彭揮彩筆，草真隸篆落雲煙；詩文詞賦鏗鏘響，吳伏江王咳唾妍，綜記石樓②香雪海，連成四韻和瑤編。

注：①十賢，係指台北市粥會十君子，即：江應龍、謝宗安、陶壽伯、李猷、伏嘉謨、彭鴻、李普同、董開章、吳延環、王壯爲等。②石樓，即陶壽伯之萬石樓畫室之簡稱。咳唾，喻詩文的字句美妙。見（晉書夏侯湛傳）「咳唾成珠玉」。

題畫竹

怒寫新筠傲岸姿，竿搖葉舞合聲詩；耐風耐雨耐霜雪，一任寒流挺勁枝。

咏晴竹

昂揚意氣直沖天，一掃浮空萬頃煙；勁節高標君子德，虛心最是欲齊賢。

咏雨竹

煙霧迷濛籠竹枝，含羞帶媚倍猗移；淋漓翠滴瀟瀟下，低首無言若有思。

咏風竹

節概彌堅本性強，打躬作揖不尋常；狂風陣陣威何懼？能屈能伸自主張。

咏雪竹

白眉華髮似仙翁，瀟灑依然有古風；兀傲嚴冬名久著，望隆三友執其中。

綠化西湖鄉維護水資源限上平聲自選一韻

苗栗之南有美都，客中幸得訪西湖。農耕畜牧民情厚，沃野平疇草色蘇；痛恤叢林因濫伐，失衡生態應覃敷。疾呼廣植群山樹，豐沛資源勢所趨。

慈母頌

三遷孟母至今崇，令節頒行勵孝忠。十月妊娠希吐鳳，廿年培育望成龍；恩勤不報慚為子，奉養當思省以躬。改革心靈期化俗，歐陶懿範足移風。

詩教化人心社課

人自初生性本良，常因習遠變蒼黃。心香感應群情厚，詩教宏揚國運昌；惡俗清除無暴戾，淳風遍播致休祥。民康物阜從斯樂，魚躍鳶飛任頡頏。

慈母頌

歐陶懿範迄今崇，教子勤嚴勵孝忠，自是仁慈能化俗，母儀足式更移風。㈠

鞠育劬勞念母親，晨昏定省報徽音，鍾型郝法古今譽，浩蕩慈恩天下欽。㈡

題山水畫

重重疊疊山，曲曲彎彎路，美哉半山坡，清幽一古厝。

題野渡無人圖

蒼巖飛瀑似雷聲，煙霧迷濛未放晴。野渡無人舟自靜，孤禽底是樹中鳴。

題枇杷

枝枝葉葉綠成陰，結實纍纍滿樹金。若得佳人垂欲滴，畫人神筆本無心。

題牡丹、竹、菊

年年開富貴，歲歲報平安。日飲黃花酒，長壽不老丹。

聞馬英九博士當選台北市長民心大振喜而賦之

早歲辭官見品清，臥龍出岫發吟聲。群呼擁馬民心振，不信當方膽不驚。

淡大張校長建邦新拓蘭陽校園喜賦步陳慶煌博士元均

欣觀西海彩雲飛，長夏薰風吻浪微；引見宜蘭原野秀，先生大德自能揮。㈠
員山靈秀映長空，天降豪賢播德風；培植高材多國用，群花競放向陽紅。㈡
早歲宦遊一躍龍，聲騰政學眾朝宗；經師篤教神長旺，功在鄉邦應誥封。㈢
淡水潮頭湧向東，龜山曉日照饗紅；蘭陽子弟春風被，今日橫渠化育工。㈣

贈包崇慧小姐

贈汝一言果不差，包容笑靨一枝花，崇高理想人人讚，慧敏多才迺大家。

敬步　張所長清師咏月絕句四首元韻

秀色可餐月可肴，攜來庭院掛枝梢；對空把酒呼童酌，省卻山荊為理庖。（攜月）
日暮將沈入夜升，循環運轉豈無恒？求全抱缺能知守，不必鯤溟定化鵬。（問月）
碧空如洗轉銀盤，夜靜更深引領看，有意登樓觀月近，登樓又恐月宮寒。（望月）
玉兔行空豈謂訛？金烏西墜賴明多，毋須著意折丹桂，卻喜良宵賞素娥。（玩月）

咏新四君子限平韻七絕四首

雪壓霜摧不減叢，身披鐵甲禦寒風，高盤峻嶺濤聲吼，獨號大夫萬木崇。（松）

宅邊五樹號先生，一縷輕煙一縷情，折盡長條多送別，灞上揚鞭策馬行。（柳）

荷葉田田映日霞，風吹香遠益清華，敦頤篤老傳鍾愛，獨出污泥君子花。（蓮）

片片飄丹片片情，三秋葉絢獲嘉評，盈林醉色紅如火，應是霜風半染成。（楓）

說明：以不露題之閒詠詩及抒述社會正面意義者爲特優。

賀俊彥仁仲高、普考雙捷步葆和兄原玉並佩廷琛學長訓子有方

楚材將大用，稟賦亦超人。卓犖觀群籍，殷勤費苦心；啼聲驚破曉，景色正逢春。金榜欣雙捷，揚名更顯親。

清師卸任中華詩學所所長設宴盛況賦呈并序

清師所長卸任設宴以饗諸常委顧問及同仁盛況空前，謹步龔稼老原韻賦呈俚句，藉申景仰之忱

琢玉裁章費巧思，頻叨薰炙感深知。佐襄柏署蒙恩拔，廁列秋闈捧杖隨；棘院掄才多貢舉，騷壇祭酒共欽遲。欣觀此日成功宴，出處翛然海鶴姿。

敬步馬鶴老咏梅原玉並賀英九先生當選台北市長

獨著清標信可珍，花開越冷越精神。冰池照影群山寂，雪海飄香萬樹新；破臘傳春先煥彩，孤芳逸韻自超倫。目空冀北馳千里，且看驊騮大顯身。

敬步石品芳學長贈詩元韻

白駒過隙似飛梭，歷盡滄桑未肯跎，同學如今雖已老，瑯章句句可弦歌。

其二

群黎引領太平年，獨冀交流兩岸聯，更願化醇敦夙好，鳶飛魚躍樂堯天。

詠蘭步韻

山裏深居慣，花開獨自芳，姍姍鳴玉佩，片片舞霓裳；貴受名流寵，高宜幽谷藏。平生饒麗質，雅愛水雲鄉。

畫梅有感

老幹堅如鐵。花開暗吐香。寫來孤影淡。筆落大文章。

題梅花八十八年十一月

冬吟白雪詩尤美。畫到梅花筆亦香。疏影橫窗添雅興。圈圈點點自成章。

奔馬己卯孟冬

四蹄奔放疾如風。一馬當先空冀北。猶記當年鎮八荒。功襄麟閣生顏色。

躍　馬

頂天立地誰能比。遠矚高瞻眼界空。顧盼自雄饒意態。將軍戰馬躍如龍。

題山水畫以貽包崇慧小姐

蒼壁空中垂瀑布。風彈松韻和書聲。白雲紅葉相成趣。片片悠閒片片情。

詠　雲

富貴於余視若浮。懸車歸後復何求，從龍致雨思猶切，聚象成峰意亦稠。橫陣紛飛奔似馬。排空鬱勃喘如牛。且看臺海群雄起。競逐誰先拔首籌。（時台北市改選市長競爭激烈。）

贈一山先生

兩代一門傳四傑，如山志氣壯凌雲，龍遊大海鳳鳴樹，以建國家夙夜勤。

詩人杖

詩人多報國。忠愛美名揚，屈子離騷賦，放翁劍閣章。孤芳欽靖節。正氣仰天祥。杖履春風被。神清壽且康。

山行有感

為慕南山勝。尋幽入翠微。嚶嚶聞鳥語，冉冉看雲飛。蘭芷香氛溢。苔痕屐齒稀。傳經岩寺裡。好道遠塵非。

飛　馬

此為飛馬似飛龍。馳騁沙場八面風。橫掃千軍窮牧野。萬夫莫敵自豪雄。

咏黑牡丹

春旅邀賞黑牡丹。水牛盈百聚成團。京師豪富傳佳話，擾亂騷壇與畫壇。

注：黑牡丹，水牛戲稱。唐末劉訓者，京師富人，……京師春遊，以觀牡丹爲勝賞。訓邀客賞花，乃繫水牛數百在前，指曰：此劉氏黑牡丹也，一時傳爲佳話。嗣有宋蘇軾之墨花詩：「獨有狂居士，求爲黑牡丹。」及元、湯炳龍題百牛圖詩：「卷中解后黑牡丹，相逢喜是曾相識。」引起吟壇幾度騷動。

賃屋89、2、21

製產定居計滿懷，須知房稅不能排。為省金錢兼省事，買屋無如賃屋佳。

題山水畫

巋巋大尖山，潺潺曲澗水。煙村四五家。景美稱仁里。

詠水仙

水石砌盆栽，薰風送暖開。凌波仙子降，隱約帶香來。

詠安石榴

佳人牙露白，玉女頰飛紅；更有胭脂艷，百花孰與同。

詠晚香玉

長喜輕風夏晚涼，盛開月下展新妝；嬌嬈不讓曇華美，馥郁如同桂子香。

詠　柳

策馬揚鞭為餞春，黃鶯勤織翠條新，堤邊搖曳翩翩舞，千古風流見性真。

山水人物圖

且看江山草木同，何如兩岸未融通。不言不語危巖石，欲雨欲晴滿壑風；能屈能伸君子竹，有聲有色大夫松。高人柱杖拱橋立，翹望浮雲過太空。

題山水畫二首

一山高比一山高，峻峭凌霄氣勢豪，煙霧茫茫如雪浪，巖松霍霍起風濤。

又

四面山光接水光，長松拔地氣軒昂，清風明月如人意，獨伴孤舟一味涼。

寫毛筆字有感

由來雅興好塗鴉，祇是年衰視力差。怎奈賓朋常索墨，忍教禿筆不生花。

不倒翁

七次倒來八次起，倒而忽起不停止，非關此物愚弄人，體重頭輕明所以。

題山水畫

一層雲霧一層山，山自凌空雲自閒，如此風光清靜境，桃源仙境落人間。

其二

深山拄杖究何為？到此尋幽意可知。飛瀑如琴聲悅耳，更難松韻和成詩。

題紫藤與飛燕

窗前滿架紫藤開，群燕呢喃報歲來，每逢春分時節至，猶懷王謝舊堂回。

松陰閒話圖

松陰好納涼，休暇話家常。時有清風至，送來陣陣香。

其二

策扶老以遊憩，時矯首而遐觀，雲無心以出岫，人撫松而盤桓。

奉和張以仁教授「桃源」詩課

欲訪桃源島上尋，蓬萊如畫入詩吟，雲閣山村涵煙雨，民俗世風自古今，童叟相親爭議少，漁樵閒話見情深。雞晨犬夜勤供職，不慮豺狼恣意侵。（民俗）

其二

山迎水送出重關，一望平原展笑顏。三島如春花蝶舞，四時佳興齔童頑；左觀滄海堆堆雪，右擁霞雲疊疊山，信是桃源天下美，悠然身在畫圖間。（風景）

其三

豁然開朗出塵寰，綠野鄉村語帶蠻。曲澗通幽泉活活，芳洲夾岸鹿閒閒；樵歌甫歇漁歌起，農倦歸棲鳥倦還。休問桃源尋所向，此中仙境即蓬山。（總贊）

贈何本良老先生嵌字

何等悠遊得意來？本心無物遠塵埃。良言易俗懷胞與，公健如岡壽域開。

夜光杯

香檳美酒夜光杯，淺飲淺嘗口味開，琥珀透明能耀眼，時臨運轉福齊來。

夜光水瓢

莫哂螢光一水瓢，晝能供用夜能瞧。長相左右隨君使，物美價廉耐久牢。

贈莊薇萍女史

晝風莊重已堪誇，人似薔薇氣自華。身寄浮萍游俠氣，夙欽女史大方家。

題松風瀑布有感

風擾長松韻不諧，驚觀飛瀑響如雷。看來海峽還波定，東島奚傳戰鼓摧。

注：東島，即東山島之簡稱。傳彼岸於該島擴大軍事演習。

戊寅重九登高步龔稼老詠菊元韻

一年又過一年秋，徒自登高屐齒留。羈旅蓬瀛誇老健，徜徉崖谷感馨柔；閒觀鳳嶺蒼煙翠，笑語龍山白日幽。元亮風流傳不朽，冷香素面氣清遒。

敬次龔稼老詠菊原韻

時逢歲律入深秋，萬卉盡凋竟獨留。伴月影斜甘淡泊，捲簾人瘦總嬌柔；閒遊三徑襟懷爽，卻愛疏籬景色幽。點玉浮金開燦爛，尤欣晚節傲霜遒。

拉拉山神木頌九十年七月二十日

神木何其神。堅鋼挺且直。霜身數十圍。拔地千百尺。若問其高齡。三千年不息。數數廿二株。株株沖霄立。有木延三代。枝枝繁茂葉。空氣何清新。芬多精①洋溢。凝合陰離子②。增強人活力。土徑漫步行。優游神奕奕。林香聞鳥語。宜人好景色。拉拉山叢林。精華映日月。竊望齊其齡。卅倍不及一。不敢媲其神。頑軀差結實。其顏鬱葱葱。我則悲華髮。今登此山峰。再擬征巴峽。同此消遙遊。壯哉宜記札。

註：①、芬多精，乃森林中散發之香氣，精氣可殺菌，淨化人生，預防百病。
②、陰離子，係瀑布、溪水之水花和森林光凝合作用，所產生之陰離子（空氣的維他命），可促進身體健康，增強活力，消除文明病。

張家界名勝圖

聞說張家多勝景。果然造化奪天工。倘登絕頂高岡上。遙望衡山七二峰。

三遊金門再步趙將軍十景元韻

其一、魯王古墓

魯王今不見，憑弔最愴神。國破金台畔，人迎大海濱；數難迴落日，道足與殉身。長夜水天闊，臥看斗星陳。

其二、聖哲名題

何能忘在莒？聖哲有名題。躍馬燕山北，驅車東海西；英雄皆奮起，大小勿沉迷。共效田家將，揮兵復兩齊。

其三、亭榜無愧

俯仰誰無愧，登高問此亭。萬方陷水火，四國失康寧；拔盡敵旗赤，遍張義幟青。男兒應自負，百世作儀型。

其四、樓重莒光

英雄推賴氏，百戰題高樓。氣挾刀光見，神俱劍影浮；應同奪泰斗，相與定神州。千載風雲會，凌煙像並留。

其五、料羅疊浪

料羅漁港闊，疊浪接天來。大異瞿塘峽，迥殊灩預堆；舟輕易駕御，網大力張開。毋任長鯨逸，追擒往復還。

其六、太武雄風

戍此橋頭堡，觀兵太武山。樓蘭今未斬，壯士不生還；除寇本殲敵，抗俄非觸蠻。黃龍同醉日，宇宙盡開顏。

其七、古寧碧血

十年傳大捷，應數古寧頭。事與千秋並，功由一戰收；會當犂虎穴，勿任漲狂流。漢室中興日，男兒壯志酬。

其八、忠烈崇祠

生不願封侯，死當百世祠。威名敵所懾，英烈虜咸知；茲以飭戎路，時臨誓我師。九京應可作，相與護靈旗。

其九、寶泉蘸月

有意賞明月，無心看酒泉。酒能忘社稷，月足照山川；故國迷春樹，鄉邦杳夕煙。臨茲且一醉，共誓勒燕然。

其十、翠谷連塘

陽徑有幽谷，盤旋若貫珠。山光開晚壑，月色照晴湖；架上書常滿，營中斗不除。將軍羊叔子，暇看士投壺。

題柳堤歸舫圖

東西兩岸柳菁菁，萬縷千絲繫客情。山外群鴉啼不歇，聲聲召喚舫歸程。

四季吟

春野綠如油，夏溪垂釣熱，秋山瘦亦奇，冬雪吟詩白。

敬步龔稼老「辛巳秋颱紀事」元玉八首

三颱①肆虐襲三台。地裂山移洪水來。民泣民號天不憖。汪洋無際氾成災。(一)

屋頹偏遇連霄雨。土石湧來堤決崩。滿目瘡痍情慘慘。天無日月地無燈。(二)

哀鴻遍野實堪吁。可佩榮民百萬②輸。戮力消防饒義勇。冒危犯難竟忘軀。(三)

暴風陣陣疾呼呼，霪雨橫流灌滿都。行樹盡頹阡陌廢。舟行陸地室藏污。(四)

救危拯溺握時機。更體民饑若己飢。土石流淹人與物。驚聞慘象淚垂衣。(五)

天災難測備消災。未作綢繆是福魁。往古君王常罪己。楷模百吏豈疑猜。③(六)

山頹物毀滿陵坡。雨注潮升陸變河。幸賴堤防早歲築。永和從此獲安多④。(七)

垃圾成山臭氣盈。秋颱風靜喜新晴。首污清廓民心愜⑤。好教政事早休明。(八)

注：①三颱：九十年秋計有桃芝、納莉、利奇馬等颱風。

②榮民百萬輸，即當有一退伍軍人將其畢生積蓄百萬元慨捐救災。

③書云：有備無患。即指築堤防洪，可以消災。昔禹疏九河而水患消；湯祈天雨而旱災解，古有明證，洵不誣也。

④永和，係台北縣轄市名。

⑤首污清廓，指前政府層峰兼黨主席卸任後並遭民憤，違背黨紀致撤黨籍。

敬步定公夫子「致仕述懷」元玉九十年九月

終年兀兀苦相侵。運際無常勿強尋。攤飯①橫眠驚蝶夢。撫松獨步②作龍吟。退官始識居官守。賃宅方知買宅心。有賴荊妻③操井臼。好邀明月伴孤斟。

注：①攤飯：李黃門謂：午睡爲攤飯。見《宋陸游春晚村居雜賦》攤飯橫眠夢蝶床。

②撫松獨步：即撫摸松樹獨自散步，以引申爲無與倫比之意。見《陶淵明歸去來辭》撫孤松而盤桓。又《漢書李陵傳》陵便衣獨步出營。及《後漢書戴良傳》良曰：我若仲尼長東魯，大禹出西羌、獨步天下。

③荊妻：對人謙言己妻。見《宋劉克莊蓋竹廟詩》寄書報與荊妻說，十襲寒衣莫要焚。

學道　明師親口傳90、8、27

余時逢際遇，參加發一崇德道院台北道場儒德壇法會——率性進修班，親聆　活佛師尊降壇訓諭，暨　諸點傳師教導、服務團隊前賢照顧，幸何如之。感恩之餘，謹將兩天學道心得吟成七律六首，以就教於前賢先進。

一、驚見　活佛降壇

濟公活佛果明師。下降儒壇指惑迷。瀟灑顛狂形放樂。溫馨牽掛語含悲。
前途遠大光無限。方向未離道不遺。期許般般胸坦蕩。莫因挫折勿修為。

二、領悟《一串心》①

恩賜徒兒一串心。打開塵鎖耐追尋。虔誠宏願潛修德。訣印玄關謹守箴。②
珍惜因緣常喜悅。包容真愛莫荒淫。慈悲活沸來點化。誨我諄諄盡福音。

註：①一串心，係詞牌名。喻指徒齊心向道之意。
②訣印玄關謹守箴，係指求道三寶：1、玄關竅（正門）。2、口訣（五字箴言）。
3、合同（手印）。

三、感應《又見炊煙》①

塵凡今又見炊煙。正降濟公吐寓言。世道崎嶇多變幻。眾徒生命可安全。

實虛真假須明辨。心正意誠要慎堅。縱有艱辛持佛法。污泥自出合歡蓮。

註：①又見炊煙，係詞牌名。以喻見政局紛擾之意。

四、歷盡《浮生千山路》①

浮生山路萬千千。風暴滿城見眼前。物是人非情已慘。繁華景色夢難圓。
故交日遠音書斷。今雨時逢道友賢。苦學苦修勤不輟。潛移默化自登仙。

註：①浮生千山路，係詞牌名。以喻世局變亂，須苦修以改造之。

五、感恩　明師慈訓

訓中有訓盡箴言。文內藏文擇善篇①。博大精深存奧理。振聾發聵效前賢②。
擔天聖職傳真諦。當下信心種福田。毋惑毋疑毋蔽塞。登堂入室道通玄。

註：①擇善篇，指九十年歲在辛巳八月二十七日活佛降壇慈訓。
②前賢，係尊稱求道資深之道親。

六、發宏愿

兩天法會列仙班①。發一誓言濟世艱。重聖輕凡登彼岸。施財弘法叩禪關。
為民立命師尊任。與眾交親愿力擔。道在師傳修在己。謹銘心內有靈山②。

註：①列仙班。指於儒德壇法會當日（農曆九十年歲在辛巳八月二十七日），列名焚表，佛盤註冊。

②靈山。見佛訓：佛在靈山莫遠求。靈山只在汝心頭。人人有個靈山塔。好向靈山塔下修。

淡大校園十二景

一、校門巡禮

淡江創校嘆賢聲。立像門前傳有名。克難坡登長不息。身強自亦業能精。

二、宮燈教室

金壁輝煌黌宇羅。宮燈沿道影婆娑，春風化育群英秀。為國儲才廣設科。

三、覺軒春曉居正字覺生名軒乃紀念一代偉人。

春風拂檻景光新。以覺名軒紀偉人。鳥語花香迎曉日。更教學子惜芳晨。

四、情人步道

對對情人步步香。攀肩把臂互依傍。花前月下聲光悄。話舊談心夜未央。

五、瀛苑幽光

髯翁題字走龍蛇。坐使苑樓形勝多。曲徑幽光潛盛德。泉聲石瀨譜弦歌。

六、歐團錦簇

者番雅緻倍清新。錦簇花團最媚人。時有薰風來拂面。詩家都道滿園春。

七、牧羊虹橋

登上橋頭有所思。萋萋芳草放羊兒。棚花縱使陶人醉。不及牧風青史垂。

八、廳館雄觀（即圖書館與國際會議廳）

充棟圖書百類全。文江淵浩學無邊。群賢畢集高峰會。議事宏觀萬國宣。

九、驚聲崇樓

課餘虎躍廣場間。師教品評未肯閒。樓榜驚聲崇嶽峙。功高化育仰如山。

十、文藝中心

戶外溪山映畫圖。堂中藝品貴難沽。飛潛動植嚴宗派。各國名家風格殊。

十一、海事博館

館建船型用意深。滿藏博物勝黃金。萬端海事全完備。克服狂濤不受侵。

十二、福園清境

福山福地築名園。借假修真達本源。激石泉鳴聲光悄。坐觀柳暗蔭漁村。

道與教探討有感

天命①之謂性　率性之謂道　欲求真正道②　修道③說頓教④
生是糊塗來　死而懵懂走　波波⑤度一生　到頭還自惱
欲除煩惱⑥根⑦　行修累世好　散心修專一⑧　直下道通曉
真心⑨湧現來　可與天人表　清淨又慈悲　智慧即明了
慎思明辨清　理論認知窼⑩　眼前皆幻景　心空罣礙少
一真一切真⑪　無住⑫無不住　行功了愿心　自在觀無數
若真修道人　自可浮杯渡⑬　若真參得透　一指直超⑭悟⑮
天爵⑯奉至尊　道名高且久　生死⑰免輪廻　快樂永不朽

註：①天命：天所賦予的，即自然的稟賦。古代把天當作神，稱天神的意旨爲天命。

②正道：是三教聖人的眞傳，教人修身立命，希聖希賢，傳授超生了死之道。其表若淡乎其無味，果能細參踐行，妙理自得。出世入世，忠孝節義，綱常倫理，是謂正道。

③修道：在健全自己人格，修行全靠自己的德行，無德不成道。不論在家出家，如能悟証菩提，體會實相無相，依此法修，定可見性成佛道。若不自修，猶如說食不飽，修無有益。

④頓教：頓悟之教，使速疾成佛果也。

⑤波波：猶言奔波也。

⑥煩惱：煩是擾義，惱是亂義。擾亂身心，使心煩意亂，故名煩惱。煩惱之心，與菩提心同，沉迷即煩惱、即凡夫；覺悟即菩提、即是佛。

⑦根：能生之義。眼根對色境而生眼識，乃至意根於法境而生意識。

⑧明心見性四階段：即散亂心、專心、一心、直下無心等。

⑨眞心：指清淨心、慈悲心及智慧心等。

⑩窱：音眺。深遠貌。

⑪一眞一切眞：無二曰一，不妄曰眞。十眞即眞如自性也。念念自見性者，則一切皆離虛妄，故云：一眞一切眞。

⑫無住：即無所住，一切法由是生。見金剛經：應無所住而生甚心。無住即實相之異

名，實相即性空異名。無住是人之天性。故六祖云：「無住者人之本性。」

⑬杯渡：晉宋時僧人，傳說其曾乘木杯渡，故以杯渡爲名。唐杜甫題玄武禪師屋壁詩：錫飛常近鶴，杯渡不驚鷗。

⑭一指直超：直指當前，一步直超，似火傳火，以心印心之正法也。明師指示：生死大路，始得超生了死也。

⑮悟：指大悟，破無始之迷妄，開眞實之知見。惠能三更受法，洞澈本來面目，自家之人翁。見前所未見，實賴五祖弘忍大師爲之直指見性故言下大悟。

⑯天爵：即自然之爵位。孟子告子上：仁義忠信，樂善不倦，此天爵也。

⑰生死：一切眾生惑業所招，生者死死者生也。楞嚴經：生死死生，生生死死，如旋火輪。

答本農賢阮「咏月」元韻

長空萬里轉銀盤。雲淡波波變化看。老健未忘鍾嶺月。秋高入暮雁聲寒。

壬午重九雅集有感

——預祝小馬哥連任台北市長——

天開清景共秋閒；登上華岡大展顏。海峽瀰漫孤月暈，江山信美幾時還；騷人雅集詩情放，野老優遊步履頑。一馬當先操勝算，都城逐鹿過賢關。

六祖壇經禮讚十品並序

禮讚者，係對　六祖惠能傳道成道之果位，特予推崇與讚嘆也。後學因曾遭挫折，致生塵勞煩惱，身心均受創傷故，是以立意試修心性，首參佛教學習，僅登堂而未入室皈依我佛，一日幸結因緣，經友人趙錦鐘，林洲岩二君引保至佛堂求道，認知「一貫道」中三寶之精義，近年對漸修與頓悟稍有獲益並提昇，心靈亦覺平衡。日前《六祖壇經》課畢，特依〈行由品第一〉至〈付囑品第十〉外，另增〈瑞象品〉、〈顯化品〉分置首尾，以讚嘆　惠能大師誕生與滅度之當時一切特異與不平凡景象。　大師素不識文字，但通曉佛法妙理。問道者近悅遠來，無不敬服，以至冤孽或迷心者，亦不為之度化。此乃神耶？聖耶？抑古佛轉世耶？謹吟成七律十二首，敬祈諸前賢先進，不吝　賜教。

一、瑞象品

大師稟賦自天生，別有慧根心性明。誕降異香騰滿室，繼臨僧客代安名。

力排母乳清茹素，獨得神人灌露羹。最仰聞經能俉道，果然皈佛出修行。

二、行由品

胸中無物見禪機，一偈①成名致惹非。古佛慈悲承本體，明師密付襲袈衣。

危時仰度合搖艣，悟了自修頓啟扉。廢鉢傳心從此始，東山說法眾來歸。

注：①係指惠能偈曰：「菩提本無樹，明鏡亦非臺，本來無一物，何處惹塵埃。」

三、般若品

自領袈裟即遠巡，講經大眾誨諄諄。惟傳道法修般若，恒戒塵勞見性真。

相應口心即是佛，最能淨悟直通神。修身謹記大師頌，縱使在家不染塵。

四、疑問品

使君發問用情深，和尚釋疑一語欽。自性真功弘萬法，行身小德比砂金。

迷人念佛西方遠，悟者明心竺國臨。若欲在家虔奉篤，殷殷頌偈淨胸襟。

五、定慧品

六祖慈悲示眾生，一行三昧①真心平。象形教法口心善，定慧雙修體用精。

不滅現威而宴坐②，通流宏道以緣耕。既知般若常觀照，止惡防非此戒名。

注：①言心定於一修三昧也。三藏法數四曰：一行三昧者，惟專一行，修習正定也。以理言，爲定心觀眞如之一理也。以事言，念佛三昧之異名也。三昧爲正定、正受、等待。又專思想，志一神清，洞然明澈，是爲三昧。

②宴坐即靜坐。維摩詰經云：不起滅定而現諸威儀，是爲宴坐。

六、坐禪品

大師聞道性先天，直向人心一指禪①。靜坐常澄思己過，持修勿動結仙緣。

或行或住皆能定，論短論長即障牽。不看心來不看淨，光明照朗法無邊。

注：①達摩大師，傳佛心印，不假語言文字，直指人心，見性成佛，世稱所傳爲「一指禪」。亦喻爲萬法歸一。

七、懺悔品

師言懺悔要真誠，四願①道先度眾生。欲踐五香②修解脫，再除三業③得淨清。

一燈消滅迷心轉，三寶④皈依照眼明。從此三身⑤今自悟，念無相頌向前行。

注：①即願度眾生，願斷煩惱，願學法門，願成佛道。

②即戒香、定香、慧香、解脫香、解脫知見香等。

③即身業、口業及意業等。

④即皈依佛、皈依法、皈依僧等爲皈依三寶。

⑤即清淨法身、圓滿報身及千百億化身也。

八、機緣品

六祖曹溪大法傳，各方學者結機緣。答尼①佛理非關字，訶達②頭儀未懇虔。
志道智常③明見性，行思懷讓④得真禪。神乎錫地湧泉出，摩頂揄言永福田。

注：①即尼姑簡稱，指剃度修行之女僧。此指儒士劉志略之姑母，姑爲尼，名無盡藏。

②訶，訶責之意。達，指僧法達也。按大師訶責法達之乖慢無禮，實爲法中之誡朂，愛深責切也。

③即係志道與智常二僧。嗣皆爲大師之弟子，均修道有成。

④即行思與懷讓二僧，均向參拜惠能爲師，嗣行思因弘法恒化，諡爲弘濟禪師。懷讓大闡禪宗於南嶽，敕諡爲大慧禪師。

九、頓悟品

眾說惠能北秀派，獨持法本一宗宏。頓漸何名緣利鈍，疾遲有見莫交爭。

深明度化弭冤孽，大徹無常得寵榮。杖擊頑童痛不痛，嗣揚正教盛於京。

十、護法品

馳詔請迎願慈全，表辭疾老隱林泉。道由心悟非關坐，法本宗傳一指禪。
明與無明即實性，滅猶不滅故虛玄。歸京傳示如來見，御賜師恩代福田。

十一、付囑品

日喚門人付囑之，未來各自一方師。相因二道①恒存在，出語雙關切莫離。
法寶壇經謹護守，國恩禪寺締根基。溯從七佛兼諸祖，代代傳承道不遺。

注：①相因二道：譬如色法是一邊，無色法是一邊，可見法不可見法，有對無對，有爲無爲，有漏無漏，世間出世間等諸二法是。

十二、顯化品

預告諸徒排位坐，國恩寺裏送歸空①。從今滅度②休悲淚，依此修行禁飾終。
五六年間取我首，七零載後建吾宗。白光冉冉沖天繞，護守寶林三日烘。

注：①一貫道稱逝世曰：「歸空」。
②尊稱釋氏之死曰：「滅度」。

養生篇

靈山塔下好修真，財法雙施莫讓人。若問養生兼益壽，還須積德與行仁。有權在握休貪昧，無物於胸不受塵。世事如雲輕過眼，最難風雨復安貧。

贈蕭采洲大師①

畫山畫水畫中詩。詩入畫圖句亦奇。橫嶺嶙峋猛虎躍。急灘洶湧活龍馳。胸羅萬壑雲從子②。筆掃千軍米大師③。壯麗山河收眼底。即憑風格見雄姿。

注：①蕭大師、曾受湖北省政府命名爲工藝美術大師。

②雲從子，即指蕭雲從之三子一箕、一暘、一薦等均善山水。

③米大師，係指米元章之工書善畫也。

擬蕭氏再續排行詩

炎漢朝綱立。齊梁締國光。賢能賡繼烈。文政永傳芳。先德規模遠。後昆垂裕長。匡時雄才盛。子庶蔭甘棠。

贈蔡明郁君升職

蔡氏男兒好自強。明忠職守有擔當。郁文勵學膺高位。君實名歸耀一方。

癸未中秋雅集紀實

登高望遠上華岡。瞻拜曉公①園墓蒼。續覩名樓②書萬種。復觀摩舍③畫千張。詞壇諸老詩情放。山月雙清氣味涼。川瀨傳來泉活活，伴同餐飲引杯長。

註：①曉公，指張其昀曉峰先生。②名樓，喻陽明書屋。③摩舍，即摩耶精舍之簡稱，張大師大千晚年隱居地。

贈方清祥先生

方氏一門於工商醫教各業成就斐然。特囑嵌方清祥、林碧雲賢伉儷登其子偉智女雯萱、雯菁等，以為紀念。

一方清望吉祥家。林碧雲生景色嘉。最是偉材多智慧。雯光萱嫵映菁華。

題山水畫

終日畫山不厭山。畫山不倦戀山間。山花倒映水波漾。水自長流山自閒。

題牡丹、白頭翁

魏紫姚黃艷色優。佳名無比百花羞。且觀枝上雙棲鳥。相愛相親到白頭。

偶　感

好是蓬萊半謫仙。但修心性靜如禪，閉門依舊客時至。常為求書結墨緣。

八十自壽感懷

浮生久客寄臺員，馬齒徒增八十年。雅愛于書揮健筆，勤研佛學積長篇；寄籬蓮幕棲樞院，退谷林園隱市廛。看破塵囂心膽闊，了無罣礙每拳拳。

次涂靜華鄉兄看電視雜感元均

旱魃如焚氣轉秋。中南颱震久無收。滿朝官宦彌街掃。各種花招一位求。戾氣惡言多狠毒。行為乖舛不羞愁。貴高當政威嚴盡。猜忌忠誠觀所由。

半半歌

半半歌半流傳。浮生夢半難圓。半生戎馬半公職。泰半居棲播遷。
半真半假世態。半途不廢奮前。半經風雨生信心。半之受用無邊。
半夜三更燈火。半個前程祖鞭。半工半讀增知見。半成就半機緣。
半半生涯老五。半半歲月流連。買得半間小茆屋。幸有半產養年。
半鄉市居安穩。半夫妻子女全。半素半葷兼半酒。半甘半苦坦然。
說半句忍半時。退半步空闊天。一半潤身一半練。半日偷閒無牽。

半聖半凡慧業。半修辦半參禪。半有半無空色相。半僧半佛半仙。

甲申上巳雅集謁陵

甲申上巳望峰青。雅集驅車共謁陵。凝佇慈湖波蕩漾。瞻依靈寢德芳馨。大溪文化傳千古。石庫泉源澤萬扃。但喜紫園松竹茂。濤聲山色繞空冥。

東臺三日遊八首

一、知本溫泉浴

迢迢百里赴臺東。一浴心開萬慮空。水質能療多種疾。果然痱癢奏神功。

二、台東三仙臺

臺號三仙未記年。傳聞垂釣坐岩巔。但觀諸石緣濱立。不見其人一惋然。

三、兆豐大農場

兆豐綜合大農場。林牧觀光廣用長。徒步乘車從所好。或遊或憩總平常。

四、東方夏威夷（係遊樂區）

東方彼美夏威夷。聽瀑觀湖處處詩。滑草碰車遊戲樂。風情泰舞秀妖姿。

五、南濱公園（花蓮市）

一望天高疑海立。遠觀潮浪逐波來。公園雕塑亭臺雅。點綴南濱壯麗排。

六、東華大學

開拓瀛邊文化城。東華大學奪先聲。黌宮輪奐園池美。好植良材作國楨。

七、東北角景區

清葉把關築砲臺。嚴防敵寇入侵來。當年阨塞皆城堡。今日林園花木栽。

八、澳底喫海鮮

返程一路賞群鯨。又聽清歌悅耳聲。都道魚鮮澳底著。誠然美味不虛名。

詠　竹

河畔瑯玕竹，枝枝搖曳姸。風吹聲戛玉。月照翠含煙。勁節參天舞。虛日立地堅。謙謙君子度。瀟灑自悠然。

題山水人物

懸岩靜坐究何為。到此尋幽意可知。飛瀑如琴聲悅耳。更難松韻和成詩。

題　畫

一片幽光景。煙村四五家。松含輕霧影。石噴碧泉花。犬吠聲聞見。峰迴夕照斜。若云避亂世，此地實堪嘉。

詠桃93、3、5

景耀三春色最奢。丹葩紅萼醉流霞。十分艷靨迎人笑。一顆芳心不自誇。盡日無言①情豈薄。因緣篤愛②品彌嘉。何當待得蟠桃熟。獻祝詩家壽靡涯。

注：①桃花夫人、即春秋時楚國息夫人之別稱。楚王滅息、以息嬀歸生二子後，傳說因國亡夫死之痛，與文王不通言語，見左傳莊公十四年。唐劉長卿過桃花夫人廟詩：「寂寞應千歲，桃花想一枝。」

②見樂府詩集吳聲曲辭：桃葉歌者，晉王子敬（獻之字）所作。桃葉，子敬妾名，緣於篤愛所以歌之。

洄瀾夢土93、11、13花蓮縣全國詩人聯吟大會應徵詩

邑號花蓮別有天，蹁躚聯詠樂陶然。洄瀾壯闊山川秀，夢土深藏寶石妍；四族①共和融水乳，兩園②交映接雲泉。宣城謝令③源承遠，三願④完成信史傳。

注：①四族：花蓮居民有：漢族、太魯族、阿眉族及布農族等，其相處如水乳交融。

②兩園：指太魯閣與玉山國家公園。

③謝令：令即縣令、知府、太守。謝令，指南齊謝朓字玄暉，於明帝時輔政，朓領記室，出爲宣城，著有政聲。

贈國樑兄與美惠小姐94、7、29

國爾忘家不憚勞。樑支大廈事躬操。美緣際會傳佳話。惠澤人群實可褒。

四季吟二首

春飲黃龍酒。夏觀白鷺飛。秋題紅葉句。冬燦綠梅緋。

其二

春宴金園酒。夏賞出岫雲。秋聞孤鶴渡。冬看群鴻分。

詠五陰盛苦

花花形色染心扉（色）。愛惡感生空相違（受）。思動而行成事實（相、行）。倘留業障悔前非（識）。

注：五陰：即色、受、想、行與識五者。

洄瀾山水樂逍遙七律東韻

夙仰花蓮景物豐。崇山峻嶺氣豪雄。洄瀾後浪推前浪。夕照波紅射斗紅。秀水緣溪穿峽谷。祥雲出岫吐霓虹。錦光處處觀無盡。的是遊人樂不窮。

劉詠瑩賢妹贈喉寶乙瓶以詩答謝

越（現遷美）僑穎悟秀端莊。遙寄喉糖好劑方。保健養身珍似寶。深情銘謝誌心房。

登武漢電視塔有感

一塔擎天霄漢間。發光發熱遍人寰。大如世事家家曉。小至巷談件件頒。促進和諧聯友誼。送將快樂破愁顏。最難資訊傳媒捷。滾滾長江未肯閒。

登黃鶴樓口號

武昌黃鶴樓。遙對漢陽洲。巍巍五層閣。高高天裏頭。氣吞三峽壩。力挽大江流。一望遼無際。山川眼底收。

天降觀音

天空下降玉觀音。朵朵紅蓮向佛心。手執柳條施法水。世間民物受恩深。

吉祥臥佛

觀音大士總慈悲！渡化蒼生最及時。廢寢不忘塵世苦。臥行道法兩相宜。

遊漢陽歸元寺感賦

歸元古寺曉鐘喧。驚醒塵凡醉夢昏。廟貌堂皇香火盛。僧侶良善語聲溫。算來羅漢多三具。重數銅人少一尊。五百莊嚴目炯炯。莫非心亂眼為渾。

遊武漢大學有感

漢大馳名著國中。龜山雄踞護黌宮。十年樹木李桃盛。百載育才杞梓豐。荊楚有材非過譽。武昌首義建奇功。櫻林齊燦花如海。國恥惜留一樹紅。

注：國恥花，指日本天皇於抗戰時期移植櫻花一株，至今仍茂，國人以爲恥，故云。

訪菲僑社五日遊並序

公元二〇〇六年二月廿五日，菲律賓〈中國洪門致公黨中呂宋支部〉六週年慶暨第吉連居職員就職典禮，邀我〈國際洪門中華總會〉組祝賀團蒞菲訪問，理事長劉沛勳山主大哥指定副理事長魏國樑大哥任團長、秘書長拜慈燕金姐為副團長、委員曾雲龍大哥為領隊及團員有：林峻德、彭王信、王銘堂、姜賀倫、徐文富，李阿蘭（女）……等大哥、大姐一行十七人，陣容浩大，士氣高昂，預將宣慰僑胞成就斐然。

又大陸〈洪門致公黨〉祝賀團，由福建省委員會直支部工作組主任薛秋霞金姐任團長率團員鄭之鶴、陳進忠大哥及王一娟大姐等四人，其人數雖較少，但組織精強，和諧親善，至為嘉佩。

以上兩岸祝賀團分別抵菲律賓時，除受到僑社前理事長朱海庭大哥熱烈歡迎外，繼在慶典及餐會上，介紹出席歡迎代表，繼由新任理事長林炳南大哥致歡迎詞，語意誠懇，十分可感。似此，共聚一堂，互動頻繁，兩岸代表及僑胞三方表演，不分軒輊，均獲得全場叫好與掌聲。再由薛秋霞團長發表談話。口才流利，鏗鏘動聽，可敬可佩。而我魏國樑團長致詞，則輕鬆風趣，尤以提出〈中華民族共識〉一項，引起兩岸三地在場人員共鳴激賞，可圈可點。至廿六、七日分別拜訪菲僑五屬（即五房）社團，主、客相互介紹團員及報告各自團體工作成果，並交換致贈紀念品，尚有椰汁、美點招待，一堂對話，和樂甚歡。

我中華訪問團廿八日遊馬尼拉市區，港灣及古堡等風景、古蹟，晚餐接受僑胞餞別宴，賓主盡歡。三月一日晨辭別賦歸，中午安抵中正國際機場，完滿達成任務。筆者年逾八十有幸隨團，感於此行收穫豐碩，載譽歸來，特吟成七律十首，聊博諸先進一笑，倘有遺漏欠妥之處，敬祈不吝賜正。

一、台灣出發

訪團組織陣容大，出發登機道遠遙。魚貫井條座位定，航程宣導安全調；
扶搖直上凌銀漢，破霧乘風御碧霄。鳥瞰晴空無際闊，巴士海峽水迢迢。

二、菲僑熱烈歡迎

朝發台灣午菲邦，牽旗列隊迓賓忙。舉機攝影資留念，握手緬懷慰遠航；
三時客旅馳程逸，一路春風拂面涼，夜宿皇宮大酒店，塵勞洗淨夢橫床。

三、紅溪禮市渡假村

曩昔美軍基地港，雙雙艦守太平洋。風雲變化安無恙，洶浪潮生患早防；
永固海疆增建設，復蘇民困蔭甘棠。而今渡假村人樂，發展觀光經濟揚。

四、週年慶典餐會

致公黨自致公堂①，國父早年曾拜香。彪幟飛翔傳久遠，週年慶會見恢張；
台團魏老②長歌妙，閩隊王姬③高曲揚。兩岸三方聯誼厚，中華民族定威強。

注：①致公堂：國父孫逸仙先生早年於檀香山加入洪門，並成立致公堂，擴展組織，以增革命力量。

②魏老：係指（國際洪門中華總會）參訪團團長魏國樑首席副理事長，首唱（榕樹下）

一曲，哄動全場。

③王姬：姬，對婦人之美稱。此指（中國洪門致公黨福州市委員會）組織處副處長王一娟金姐，當場高歌名曲數首，引起掌聲不斷。

五、訪菲僑五屬社團

洪氣①一團漫菲邦，宗分五屬②子孫昌。農學菁英齊兢業，工商鉅子助壺槳；
當仁不讓任無負，見義勇為自主張。羈旅年深居異域，如兄如弟總情長。

注：①洪氣：指洪門義氣而言。

②五屬：即五房，長房—中國洪門進步黨，二房—菲律賓洪門致公黨，三房—菲律賓洪門秉公社，四房—菲律賓法門竹林協義總團及五房—菲律賓洪門協和兢業社等。

六、馬尼拉海濱夜景

馬市海灣逾哩長，尼龍燈彩景輝煌。紅黃藍紫繽紛艷，美女俊男形影雙；
舞步婆娑承鼓樂，歌聲嘹喨遏天堂。春風蕩蕩微波起，一道水光映夕陽。

七、公共交通特色

交通車馬滿街跑，近路遠程任君挑。巴士僅容人廿許，蓬箱安坐客逍遙；

三輪腳踏限行遠，隻身錢省舉手招。若享奢華豪氣派，高軒騄駬玉蹄驕。

八、聖地牙哥古堡懷古

西班牙國勢猖狂，統治菲邦三百霜。苛政猛兇頻肆虐，蒼生凋敝倍羅殃；
揭竿起義群情憤，矢志成仁舉世傷。從此自由兼立國，遵循遺訓①訂朝綱②。

注：①遺訓：指黎剎等爲國損軀、坐水牢殉難後，在盟軍援助下，菲人民獲得自由並遵其遺訓訂定憲法，成爲獨立國家，並尊稱黎剎爲國父。又傳黎剎爲孫逸仙先生小學之同學，年三十有五成仁前，在獄中撰有復國建國計劃書遺著，亦有親筆函告孫先生云。②朝綱：喻憲法。

九、遊覽市區及名勝區

蜃樓海市馬尼拉，椰雨蕉風夕照霞。百畝公園生茂物，千坪古堡噪寒鴉；
港灣壯闊美無限，商業繁榮實可誇。行見飄揚旗幟在，傳聞政變①市聲譁。

注：①政變：近日菲律賓總統亞若優被反對勢力劫持談判中，視爲不流血政變。

十、辭別賦歸

五日訪談公務畢，行囊檢點賦歸程。相邀同伴選珍品，贈與親朋獲美名；

可貴全僑惜別宴，更添去客分離情。假眠一夢機停陸，未料傳來風雨聲①。

注：①風雨聲：謂下機時因有寒風細雨景象，更喻台灣當政者宣令（終止國統會及綱領），引發國內外痛批，致政局動盪，紛擾不安。

咏十二生肖

鼠

無懼過街皆喊打，目光炯炯最精明。咬牙囓齒非關恨，晝慣藏身夜出征。

牛

排山力壯一肩挑，默默耕耘不憚勞。性笨倔強還慢步，勤於掛角出英髦。

虎

耽耽雄視坐山岡，長嘯風生震八方。編帳談兵資上略，獨賁三百武威揚。

兔

三窟藏身狡可知，文思倚馬賴毛錐。動能迅脫登山捷，功在朝廷卻死悲！

龍

興雲致雨潤蒼生，光射斗牛寶劍橫。神智威嚴彌海宇，春雷震起發長鳴。

蛇

常山大澤慣棲息，打草蟄驚屈展伸。曾報許仙來俗世，難逃高祖劍屠身。

馬

勿矜千里蹄翻玉，首到功臣領綴花。冀北早傳毛捲雪，追風赤兔汗流霞。

羊

跪乳好群孝友誇，戰交羔酒展風華。長年牧北持高節，有幸餘生脫虎牙。

猴

啼雲嘯月三聲斷，攤樹攀蘿兩臂長。大鬧天宮勇無匹，山中猿類獨稱王。

雞

司晨報午總勞君，夜半群鳴出谷聞。立誓為憑甘斬首，竦身善鬥號將軍。

犬

坐守門前夜不眠，吠非其主義為先。銜衣迎客抬頭笑，仗勢欺人擺尾憐！

豬

夙號烏金能致富，糟糠風味怕身肥。笨頭笨腦深情至，形現如來色相非。

紅衫軍九十四年九月九日

施公①明德正親民，倒扁反貪鳴不平。黎庶吼聲空巷出，紅軍蜂擁滿街行；震天喊話台階下，遍地開花草木兵。天下圍攻功一簣，無慚厚黑硬拗贏。

注：①施公指施明德先生。

十數吟來故事多

詠一

一揮而就筆如椽①，成旅興邦②未息肩。奮躍龍門聲十倍③，出言九鼎④立威權。

注：①宋史文天祥傳：「其言萬餘，一揮而就。」晉書王珣傳：「絢夢人以大筆女椽與之，既覺，語人曰：『此當有大手筆事。』」

②左傳哀元年：「夏少康，有田一成，有眾一旅，遂滅過戈，復禹之績。」又論語子路篇：「定公問：『一言而可以興邦，有諸？』」

③李白與韓荊州書：「使海內豪俊奔走而歸之，一登龍門，則聲價十倍。」

④史記平原君傳：「平原君曰：『毛先生一至楚，而使趙重九鼎大呂，毛先生以三寸之舌，強於百萬之師，勝不敢復相士。』遂以爲上客。」

詠二

同心同德蕭曹儔①，天下三分二揚州②，兩姓聯姻秦晉好③，明珠爭搶看龍頭④。

注：①易經繫上：「二人同心，其利斷金。」又漢書，丙吉傳贊：「近觀漢相，高祖開基，蕭曹居冠。」即蕭何與曹參也。

②徐凝憶揚州詩：「天下三分明月夜，二分無賴是揚州。」

③禮記、昏義：「昏禮者，將合二姓之好。」又春秋時，秦晉兩國世爲婚姻，後人故稱兩姓聯姻爲秦晉之好。

④五燈會元：「僧問道州，二龍爭珠，誰是得者？師曰：『老僧祇管看。』」

詠三

陽迴開泰更燈懸①，鼎足而分勢不偏②，直諒多聞三益友③，弘揚主義民生先④。

注：①明張居正張文忠集賀元日表二：「茲者，三陽開泰之候，正萬物出震之時。」又詩譜云：「三更燈火五更雞。」

②史記淮陰候列傳：「蒯通曰：『莫若兩利而俱存之，三分天下，鼎足而居。』」

③論語季氏：「孔子曰：『益者三友，友直、友諒、友多聞，益矣。』」

④三民主義爲「民族、民權、民生。實質上以民生主義爲優先。

詠四

紅塵看破盡皆空①，海內為家亦弟兄②，兼以自由安樂世③，四時佳興與人同④。

注：①佛典：「地、水、火、風謂之四大，能造萬物，但以因緣所生之法，究無體，故謂之空。

②俗語：「大丈夫，四海爲家。」又論語顏淵：「子夏曰：『四海之內，皆兄弟也，君子何患乎無兄弟也。』」

③美總統羅斯福在國會首提咨文：「言論、宗教免於匱乏及恐懼等四大自由。」

④程顥偶成詩：「……萬物靜觀皆自得，四時佳興與人同。」

詠五

不因斗米折腰身①，五步成詩智慧人②，諸路財神③滾滾進，年知天命福駢臻④。

注：①晉書陶潛傳：「潛爲彭澤令，郡遣督郵至，吏白應束帶見之；潛歎曰：『吾不能爲五斗米折腰。』解印去縣，乃賦「歸去來辭。」

②唐時史青上書云：『子建七步，臣五步之內，足塞明詔。明皇試以「除夕」、「上

元」、「竹火籠」等題。應口而出。』

③財神即：趙玄壇、招財、招寶、利市、納珍等五福神。

④論語為政：「子曰：『……五十而知天命……。』」又書經洪範：「五福：一曰壽，二曰富，三曰康寧，四曰攸好德，五曰考命終等五福齊臨之意。

詠六

累朝金粉①盡繁華，人道輪迴②罪孽加，身心清淨方為道③，祥開六出雪飛花④。

注：①六朝即吳、東晉、宋、齊、梁、陳等。金粉，稱此六朝繁華之都及文章華麗瑰美也。

②佛家語：六道即：地獄道、餓鬼道、畜生道、修羅道、人道、天道等。凡眾生都隨他的業力在這六道內輪迴。

③佛家語：指眼、耳、鼻、舌、身、意等六根純潔而不摻雜慾念。

④韓詩外傳：「凡草木花都五出，雪花獨六出。」因雪花六出，以示吉祥之兆也。

詠七

既縱何為屢被擒①？琴弦線線發清音②，開門件件恒難少③，七尺昂藏報國心④。

注：①三國志蜀志諸葛亮傳：「亮生致獲，縱使更戰，七縱七擒，而亮猶獲，獲止不復去，

曰：公天威也，南人不復反也。」

②七弦，琴的代稱。因琴有：宮、商、角、徵、羽、少宮、少商等七弦故名。稽康酒會詩：「但當體七弦、寄心在知己。」

③元曲玉壺春：「早晨起來七件事，柴米油鹽醬醋茶。」此人生不可或缺者。

④南朝梁沈約，齊太尉王倫碑銘：「傾方寸以報國，忘七尺以事君。」七尺代稱身軀也。

咏八

風雨聚來會各方①，威聲顯露氣昂揚②，玲瓏圓滑咸周到③，八拜論交忠義堂④。

注：①八方風雨，形容八方豪傑聚集之意。史記司馬相如傳：「六合之內，八方之外，浸潯衍溢。」

②碧里雜存：「明太祖初得和陽，欲圖征南，與徐達於舟中發口號曰：『聖天子六龍護駕，大將軍八面威風。』太祖聞此吉語，與達躡足相慶。」

③馬熙開窗看月詩：「八面玲瓏看月多。」引申爲應付手段圓滑周到之意。

④此比喻用隆重的八拜禮數結拜的兄弟。忠義堂爲洪門之堂口，其弟兄結拜皆用此種

重數之禮。

咏九

喜見重陽佳節至①，耆儒不仕聚開筵②，如岡如阜南山壽③，九轉丹成不老仙④。

注：①唐中宗九月九日幸臨「渭亭」登高，薛稷得曆字韻云：願陪九九辰，長奉千千曆。」見唐詩紀事・中宗。

②唐白居易與胡杲、吉旼、鄭據、劉眞、盧眞、張渾、狄兼謨、盧貞等聚宴，均年不仕，因繪九老圖。又宋李昉罷相居京師，與張好問、李運、宋琪、武允成、僧贊寧、魏丕、楊微之、朱昂等宴集，稱九老會。

③詩、小雅天保：「天保定爾，以莫不興，如山如阜，如岡如陵，如川之方至，以莫不增；如月之恒，如日之升，如南山之壽，不騫不崩，如松柏之茂，無不爾或承。」連用九如字，祝頌福壽綿長。

④道家煉丹有九轉說法。轉數愈多，藥力愈足，以九轉爲貴。抱朴子、金丹：「一轉之丹，服之三年得仙；二轉之丹，服之二年得仙；三轉之丹，服之一年得仙；四轉之丹，服之半年得仙；五轉之丹，服之百日得仙；六轉之丹，服之四十日得仙，七

轉之丹，服之三十日得仙；八轉之丹，服之十日得仙；九轉之丹，服之三日得仙。」

咏十

寒窗旬載姓名傳①，十步方圓草木姸②，生教十年吳卒沼③，風調雨順④樂堯天。

注：①劉祁，歸潛志七：「十年窗下無人問，一舉成名天下知。」
②說苑、談叢：「十步之澤，必有香草；十室之邑，必有忠士。」又隋、煬帝紀：「十步之內，必有芳草；四海之內，豈無奇秀。」
③左傳哀元年：「越十年生聚，而十年教訓，二十年之後，吳其爲沼乎？」
④陸游子聿至湖上待歸詩：「斗酒隻雞人笑樂，十風五雨歲豐穰。」又論衡是應：五日一風，十日一雨。」均喻風調雨順之意。

幽　蘭

深谷幽蘭靜靜開。清姿搖曳脫塵埃。騰騰香氣飄空逸。惹得詩人自遠來。

感　事

國事蜩螗何日休，政爭紛起不勝愁；正名①只是增仇視，遷府②無非在予求；罔顧友盟洵挑釁，宣言四要③有陰謀。拆牆④去蔣⑤誣先哲，浪費公帑⑥招怨尤。

注：①正名：民主進步黨當局，將國名、地名、機關名及……等有中華字樣者，均予廢改之。

②遷府：民進黨當局，擬將台北市首都之總統府遷移高雄市云。

③四要：陳水扁總統宣言：要獨立、要正名、要新憲、要發展等。

④拆牆：蘇貞昌院長下令：拆除台北市中正紀念堂四週宮廷式之走廊圍牆。

⑤去蔣：指拆除全國各處之　先總統蔣公銅像。

⑥帑：上平聲七虞讀奴音與上聲二十二養讀倘音。其義相同。

訪京滬一週行

一、上海

十里羊腸早美名，而今發展日繁榮。投資有幸台胞熱，開濟還需政策行；兩岸財經能互惠，九區①文軌②更恢宏。隨團造訪洵佳興，重覩笙歌不夜城。

注：①九區：即九洲。泛指全國。文選晉陸機皇太子宴玄國宣猷堂有令賦詩：九區克咸，讌歌以詠。

②文軌：禮中庸：「今天下車同軌，書同文」。後來因以「同文軌」爲國家統一之稱。

南朝梁商文帝菩提樹頌序：一同文軌，萬方共貫。

二、南京

建業立都久著聞，殿堂冠蓋盛如雲。六朝金粉生顏色，一代繁華剩夕曛；虎踞龍蟠雄獨秀，山環水抱絢迴文。中山陵自垂千古，不見秦淮鶯燕群。

贈洪立委秀柱

洪才睿智聲謇諤，秀冠群倫氣勢豪，柱抵中流當大任，立言委實利同袍。

觀二〇〇八年一〇一大樓跨年夜煙火秀奇景

一〇一樓特壯觀，摩天巨廈翥龍蟠。火樹輝煌光五彩，煙花變化式千般；萬頭攢動群情奮，百業欣榮大眾歡。新歲祥開增福壽，揚威國際應同看。

宜蘭一日遊七絕十首九十七年元月卅一日

一、出發首語

兩黃籌辦聚餐會，周到安排立意詳，春到郊遊從所欲，樂山樂水樂洋洋。

注：兩黃：即聯絡人：黃錦州；黃昌旼二先生。

二、雪山隧道

雪山隧道好康莊，一二點九公哩長，十二分鐘車速過，沿途廣播囑安詳。

三、龍潭湖

龍潭湖在四山窩，步走週時氣色和，群鴨銜波白鷺舞，鐘聲樵唱對漁歌。

四、八甲魚場

宜蘭八甲養魚場，左池錦鯉為觀光，右殖群鮮供客膳，罕窺鱷蟹食人王。

注：鱷蟹、龜名。食人，魚名。此魚能食人者堪稱魚中之王也。

五、中餐談吃

一睹餐廳裝置雅，佳肴自必不平常，香魚巧食味方美，還有羊排嫩且芳。

注：巧食，食先用筷切斷魚兩腮之肉，再在魚脊按押，抓緊魚頭往後拉，魚刺內臟盡出，吃之無礙，肉香味美，不亦巧乎。

六、勝洋休閒農場

勝洋場圃技專長，水草類多價值昂，妝點廳堂常周用，厚生利益更輝煌。

七、羅東酒廠

羅東酒廠歷年長，品重老紅紅露香，米釀外銷曾利國，而今減量待恢張。

注：本廠專產：米酒、老紅酒、紅露酒三種，其功用各有不同。

八、礁溪溫泉

礁溪早著溫泉鄉，泡腳浴身兩用長，水質清澄無色味，休閒常濯壽長康。

九、宜蘭三寶

宜蘭三寶早傳揚，蜜餞堪稱甜味長，金棗化痰兼止咳，餅名牛舌脆還香。

十、台北英雄館會餐

英雄館內聚群英，故友長官重熱情，閒話家常兼往事，互相保健祝長庚。

贈雪青老友

熱情勝友楚賢人。樂善好施雨露仁。早歲故鄉司教席。壯年投筆出征塵。乘風破浪海洋渡。獎學助金桃李春。隨扈層峰功懋賞。家園重建報宗親。

戊子上巳雅集

戊年上巳異常年。海不揚波出聖賢。馬到成功昌國運。肯來美境好機緣。天開麗日祥光照。地湧甘泉①膏雨傳。政局紛爭從此息。民心望治願長圓。

注：①甘泉：乃祥瑞之象徵。

謝台北榮總腸科醫師與護士

一刀割斷腫瘤根，今世華佗眾所尊，復有南丁勤護理，全家感戴謝隆恩。

淨化心靈幸福北縣

心靈淨化民生樂，書法宏揚縣政昌，亂象澄清來幸福，社風淳美發祥光。

迎岳母劉麗環來台就養

一家團聚自皆歡，人多屋奐尚心寬。祖孫三代同堂樂，老少六員容膝安。
生活起居倫有序，殺雞奉㷭盛加餐。最欣泰水身彌健，壽頌長春百歲觀。

題親情圖

母雞咯咯咯，護兒又愛女。小雞吱吱吱，聲聲呼其母。
母兒不分離，款密深情處。天下兒女們，父母置何所。

偶感

俗語瓜田不納履，古云李下勿整冠。前車可鑑須當記，獲益良多有足觀。

和日慧法師《山居秋夜即景》原韻①

乍見高梧一葉秋，涼生暑退晚山稠。泉聲活活浣花石，月鏡團團美玉甌。

詩律清同雲際鶴，襟懷淡共水邊鷗。心寮著述經盈架②，念念慈悲空若浮。

注：①日慧法師，俗名佘化龍，湖北陽新人氏。並歷任台、港各佛學院講師、教授。深解經論，學德兼優，於苗栗縣創建（觀自在蘭若）叢林，宏揚佛法，濟渡群生，望重僧壇。著述甚豐。於民國九七年七月六日圓寂，享壽八十有三。當將遺體捐於台北台大醫院研究，以嘉惠蒼生。②伏心寮，係日慧法師著述之書齋。

臨池述感

埋頭玉案好臨池，紙上縱橫忘我為，篆隸草真無妙訣，凝神運轉用毛椎。

注：忘我，即超越自我於形骸之上之意。

憲校專五期同學聯誼會餐敘紀盛

胸懷大志展青顏，早歲請纓非等閒①。職執金吾先導路②，身為楷範並防患。文韜武略功謀國，可屈能伸智化頑。自是英雄真本色，其猶龍也壽如山。

註：①請纓：即自請從軍報國。見王勃（滕王閣序）「無路請纓，等『終軍』之弱冠。」終軍，漢，濟南人，字子雲。十八歲即辯博能文。武帝時選爲博士弟子。官升諫議大夫。

②金吾：鳥名。主避不祥。後爲漢至明官名，禁衛軍之一。天子出行，職至先導，以禦非常。

北京奧運紀盛（古風）

北京奧運欣開幕。千萬煙花特壯觀。巨幅丹青開眼界，五環絢彩夢幻般；建築鳥巢原始貌，驚人奇構翥龍蟠。八十元首齊臨賀，冠蓋滿場喜一團。兩百四團大陣仗，空前盛會均同看。李寧①高擎聖火炬，御空環繞舞盤桓。二〇〇八擊鼓隊，震天響遏入雲端。三千佾舞宣文化，仙女下凡驚艷歎！藝謀②策劃高智慧，萬國賓朋皆呼讚。十萬禮儀服務好，安全維護嚴不寬。數數金牌主國冠，美元百億③價可刊。菲爾普斯④泳八金，打破紀錄繼人難。舉重跆拳四銅獎，我隊得來亦可歡。最難麗文⑤拚苦戰，奧運精神不孤單。

注：①李寧係運動選手。②藝謀，即導演張藝謀，奧運會總策劃人。③美元百憶：係指北京奧運，經七年籌備斥資百億美元之各項建設。④美菲爾普斯獲各項泳賽共金牌八面，打破奧運紀錄。⑤麗文：即蘇麗文，跆拳賽遭對手十一次踢倒，茲屢倒屢戰，奮鬥到底，贏得奧運精神殊榮。

八二三台海戰役五十週年回憶古風

當時奉命遠西征，海峽烽煙陣早橫。八月二三砲火起，連塘骨肉血盈阬。三軍堅守忘生死，鬥志昂揚更精誠。組織民防連心戰，反攻猛打敵膽驚！料羅彈雨搶灘勇，太武雄風指令明。原子彈頭經發射，山崩地裂盡哀鳴！從茲敵陣軍心潰，喊出雙停單打聲。詎料週年臨五十，建橋金廈締和平。

注：馬英九總統倡議建築金廈跨海大橋，以締造兩岸和平。

東西橫貫公路全程十景（並序）

東西橫貫公路，自台中谷關起至花蓮太魯閣止，全程約計一日車程，余曾親歷三次遊覽，其間高山深澗，翠谷層巒，風光幽美，自為天造地設之景；阨塞險關，的是神工鬼斧之奇。早經擬定十景點，俾品題詩律，奈公務繫身，致仕後仍服務社會而忙碌，未能題筆，置之高閣久矣。迄今雖居耄耋之年，深感心事未了。一時興起，勉用七言絕句吟成十首，固未盡如意想，但句淺意遠，一氣呵成，而妝點山川之勝，殊有可觀。敬祈吟壇先進，教而正之。

一、谷關溫泉

三山環翠兩溪瀲，澗底鳴泉地氣騰；浴罷身心娛我老，更邀明月一輪升。

二、德基巨壩

德基巨壩本天成，半是人工歲月營；萬仞牆摒千澗水，儲存滿庫澤蒼生。

三、梨山春曉

春曉梨山萬象更，鳥鳴花放木欣榮；青男少女歌聲壯，一片風光爛漫晴。

四、松泉咽石

風舞長松韻似琴，泉流石上咽清吟；宛如天籟音傳耳，媲美善鳴百舌禽。

五、禹嶺尋梅

峰高海拔三千尺，禹嶺梅林疏影斜；十月小陽春訊報，暗香款款覓新芽。

六、合歡觀雲

雲飛五彩不尋常，滿壑騰騰似海洋；形仗青龍或白馬，無窮變化向前航。

七、碧綠神木

千尋深谷萬尋巒，四境清幽盡可觀；碧綠天然陽氣水，養成神木九霄摶。

八、鶴壽仙居

境號仙居不偶然，滿山氧氣淨無煙；人康物阜精華映，鶴髮童顏自壽年。

九、西寶谿然

翠谷深山卅里綿，幽森不見曉陽天；車驅西寶谿然朗，大放光明照眼前。

十、太魯峽谷

維石巖巖魯閣懸，長春祠畔活泉涓；迴廊九曲通幽徑，百燕呢喃峽谷川。

題李生輝兄著《于右任草書秘笈研究錄》

標準聖千出世文，髯翁精研半生勤。非思美藝姓名顯，貴省時光效力殷；意到臨池真快樂，神來落筆易耕耘。李君揭秘書「我法」，裨助國人實可欣。

注：①聖千，標準草書千字文，乃集列代草聖而成，故簡稱聖千。②易耕耘，即易寫、易識之意。③我法，指于右任對自己書寫獨特的標準方法。

題李榮鄉兄著《麗峰詩集》

李氏男兒勵膽心，請纓投報己身任。量如海嶽襟懷壯，德備武文氣概森，得句萬言竹籟響，成詩十卷口碑吟。堅貞一念還鄉願，風骨嶙峋莫處尋。

八八颱風九十八年八月

颱風初報「莫拉克」，威力平常不覺強，八八通宵霪雨降，山崩土石泯村莊。

越南紀遊八首

一、北越下龍灣九十九年一月廿一日古風

下龍灣，屬越南廣寧省，位於東京灣二五〇哩之海上，羅列著一九六九個島嶼，蔚成海上石林奇觀。又名海上桂林。擁有三千多座石林、石筍等狀小島，佇立在一五〇〇平方公里之海中，這些小島亦有龍、猴、龜、蟾、鬥雞、香爐及……等島之別名。在此石灰岩所形成之島嶼，經過風化和海浪浸蝕，又形成許多洞穴和鐘乳、石筍等奇景。而洞中更有古時隱士所題漢文詩詞遺跡，不勝枚舉。余有緣來此一遊，可謂心胸大快，與奮奚如？遂以古風體記之。

環海皆山別有天。山山環水水漪漣。天宮洞裏神仙境。夫婦峰高愛女牽。黑犬對岩長仰吠。香爐載浪杳浮煙。鬥雞雙石標名妙。羅漢層巒橫亙綿。登上龍巔觀景美。轉來龜峽過川妍。壁遺隱士題詩跡。穴弔乳鐘潤色鮮。石林壯似羅星斗。玉筍形如並蒂蓮。千九島嶼看不盡。景中勝景不勝傳。

二、頭頓海戰懷古

曾聞古代越遭侵。李大將軍奇計深。木杵削尖埋港底。回師潮退破船沉。

三、古芝地道

北越南侵苦戰爭。古芝地道死求生，長年游擊強堅忍。不負艱辛勝利成。

四、還劍湖

湖濱碧草兩痕斑。優美風光壯士顏。黎祖劍神輕擊敵，大龜索討得歸還。

註：黎祖：即黎太祖越南之開國祖先

五、一柱廟

一柱擎空建廟祠。千年古剎至今奇。優姿風貌凌波漾。屹立蓮池萬世基。

六、胡志明故居懷古

解放越南戰略洪。志明小道建奇功。尊稱國父非虛譽。我亦追懷倍景崇。

七、文廟懷古

李朝時代孔祠建。河內保持古蹟全。自此越南文風振。人才奕葉世稱賢。

八、河內首都

紅河圍繞古都城。一片共和建設聲。社會工商齊奮起。民康物阜樂昇平。

恒春即景

辣妹扭腰擺臀迎。正如春吶在吸睛。墾丁勝景時風異。招覽觀光用意宏。

題贈彭正雄出版人

碩學鴻儒席上珍。抄工錄事號書臣。曩時木刻鐫刀銳。賡續鑄鉛印刷新。科技珂羅游藝術。昌明電腦更經綸。不謀其利宏文化。睿智高風出版人。

拜讀「晚學齋類稿續集」感賦

晚齋續集讀三過。句句行行可譜歌。小楷毛錐筆力勁。蠅頭細字蜜蜂窠。吟詩作對珠璣吐。題畫臨池鐵硯磨。膠漆情深雙壽展。夢魂縈繞眷絲蘿。

花博（二〇一〇台北國際花卉博覽會）二十二韻

百花齊放各爭豔，　博覽園中盛典儀。
並蒂雙苞非一式（蓮花），　荷風（荷葉）梨雨（梨花）別多姿；
桃腮（桃花）杏靨（杏花）逢迎笑，　桐葉（桐花）柳絲（柳條）有所思；
茉莉飄香能解渴（茉莉花），　芙蓉出水喻新詞（芙蓉花）；
薔薇嫵媚懸高架（薔薇花），　玫瑰刺毛治醒脾（玫瑰花）；
睡菊（睡菊花）睡蓮（睡蓮花）欣共賞，　玉簪（玉簪花）玉蘂（玉蘂花）契相知；

含烟照水神仙格（海棠），國色天香富貴脂（牡丹）；
四季頻開春爛漫（月季花），長年搖曳綠參差（蘭草）；
清標淑態蹊田李（李花），不俗傾心向日葵（向日葵）；
涵芬帶露嬌如語（芍藥），噴火蒸雲醉若癡（石榴）；
維肖芳容形彩蝶（蝴蝶蘭），遙看雄冠狀金獅（雞冠花）；
優曇一現其何麗（優曇花），木槿連開永弗衰（木槿）；
天鳥翔空鵬展翅（天堂鳥），地球錦繡豹留皮（繡毬花）；
一株獨秀非凡種（桂花），疏影橫斜無此枝（梅花）；
白皙盆栽水仙子（水仙花），紅霞案供美人兒（虞美人）；
庭園造景誠奇緻，巧奪天工富生機；
七套彩虹無染畫（彩虹圖案），千竿戛玉有聲詩（竹）；
牆葩（牆繪花團）棚果（蛇形瓜）咸奇特，卉海花洋無際涯，
名事名人（名人館）傳久遠，藝文藝術（百藝廣場）合時宜。
花花世界驚觀止，美矣中華令譽馳。

讀經有感古風

崇仙希聖秉誠心，仙佛聖人道體①深。道法自然涵萬物，氣冲②造化值千金。恆將不盡③還天地，更有無窮④證古今。無有不爭斯妙有⑤，玄乎道德老君⑥箴。

注：①道體：所謂道，老子二五章，「有物混成，先天地生，寂兮寥兮，獨立而不改，周行而不殆，可以爲天下母，吾不知其名，字之曰道。」而道體，是恍惚不定的，老子十四章，道體的微妙，是無相、無聲、無形的，世人是看不見，聽不到、摸不著的。而道家認爲道是宇宙萬物之本源。它的本體，是超乎時空而不能爲人官察覺的一種實體。②冲氣：指氣冲，即陰陽二氣之中心，是虛中之氣此氣含有萬物造化之機的，故萬物得其冲，使有生生化化之妙。此虛中之理，若以人比喻：眼有虛靈而能視，耳有虛洞而能聽，鼻有虛孔而能嗅，口有虛空而能吃，意有虛魂而能思，心有虛竅而能應，因此，萬物皆以冲虛爲本。③不盡：指無盡止之意。天地有無形之眞神，都是虛無妙有的，看不到，故簡稱爲萬物之母。其雖毫無門路可尋，但天地萬物不是從此而出與入，所以天地爲萬物之根源，妙有之門。是至虛至無的，是用之不盡、取之不竭的。如此變化玄妙，非現在才有，自古以來就有。簡言之，即天地間有金木水火土五行運轉，以及空氣水之滋潤，萬物因之而生、而長、而枯老死成灰，或沉歿土裡或揮發空中，還歸於天地，周而復始，不斷循環，是謂「不盡。」④無窮：指無窮盡，就是無

極。老子二八章：「知其白，守其黑，爲天下式，爲天下式，常德不忒，復歸於無極。」它是那麼長遠與幽深。在此長遠與幽深中。又具有生命之源的東西，雖以窺測的元素與原理。此乃是眞實的，若天地無此元素，就不能悠久，人類無此元素，就不能生存。而其中包含應用不失其時的信驗與循環不息的根據，自古及今，都是存在的，它從無消失，更無改變，以此跡象，是以天下人爲印證、體會。何以故？道之啓示耳。⑤妙有：此爲道家語。指超越有和無的絕對道體。王弼曰：謂之爲妙有者，欲言有不見其形，則非有，故謂之妙；欲言無，物由之而生，則非無，故謂之有也。斯乃無中之有，謂之「妙有。」又佛家語：佛教大乘空宗認爲客觀世界的各種現象（名、相），不過是人心寄託無中之有，稱「妙有。」⑥老君：指太上老君。道教的始祖老子。見（雲笈七載一〇二）老君者，乃元氣道眞造化自然者也。強爲之容，則「老子」也。

敬步吳國幹表姊夫贈詩原韻

投筆出江關，征袍著虎斑。復員重建國，靖亂好歸山。遇燹尋膺命，乘風展壯顏。苦心終不負，晝錦故鄉還。

中華民國精彩百週年

亥年建國百齡旦，火樹銀花燦滿天。空降神龍揮彩帶，府前檢閱威風傳。

其二

凱道廣場鼓陣搖，化妝群眾滿街跑。觀三太子舞蹈秀，更美軍民儀隊操。

其三

雙十國賓濟濟來，各邦元首坐排排。陣容浩大日團隊，親善深情喜滿懷。

其四

楷範金吾開道行，蛙人赤膊操舟賡。雄蜂飛彈威無比，銀翼翔空長嘯聲。

注：金吾，鳥名也，主辟不詳，天子出行，職主先導，以禦非常，故因以名官。即指今之憲兵開道車隊。見（盧照鄰長安古意詩）「漢代金吾千騎來，翡翠屠蘇鸚鵡杯」。

其五

民主政權四海傳，自由康樂樂陶然。鳶飛魚躍太平世，雨順風調話稔年。

日本大地震海嘯慘劇紀感

板塊裂移連海嘯，正臨末日驟飛來。潮淹區域都城廢，山走石泥垃圾堆。回祿無情長肆虐，核能輻射染塵灰。海如湯沸車船覆，陸似籃搖第宅摧。滾滾洪流登岸上，熊熊烈火漫天涯。水電斷源悲死寂，瘡痍滿目慘陰霾。患難同生心惻隱，為人人為自相偕。

注：災區廣及：東京都、宮城縣、岩手縣、福島縣、青森縣及仙台市等

客家桐花祭

年年四月至，桐花燦爛開。成群粉蝶舞，結隊蜜蜂來。朵朵白疑雪，噴噴香肖梅。真堪賞悅目，盛典祭宜哉！

廬山遊感

漢渚乘輪下九江，匡廬遙望綠盈窗。天池夕照群峰麗，仙洞泉流滴水淙。花艷滿山光灼灼，松陰蔽日影幢幢。蔣毛石上會談後，迄今雙雙各締邦。

慰曉雯女士

夫君臥病六旬天，端賴妻兒守不眠。侍藥奉湯懷珍愛，噓寒恤痛倍哀憐。深情鶼鰈人稱羨，異地鴛鴦志益堅。不昧英靈長左右，悲歌當哭夢相牽。

訓勉詩

活潑寡言皆稟性，人人互動合羣先。晨昏定省前宗訓，骨肉相連夙世緣；青壯當婚宜固本，箕裘克紹莫遲延。勵志圖強應自負，還期猛著祖生鞭。

肆、酬世應用篇

一、題誌類

瀛社九十週年慶

——詩幟飄揚九十秋社課——

結社騷人第一流，成城眾志壯瀛洲。沼吳雪恥期歸漢，擊鉢聯吟不事仇；欲使斯民登衽席，還將戾氣化溫柔。開來繼往宏風教，詩幟飄揚九十秋。

泰北高中七十週年慶

樹人大業欲從心，桃李爭妍滿士林，作育英才功在國，絃歌不輟到於今。

洄瀾詩社成立五十週年五律庚韻

沙漠瀛邊地，園疇久未耕。萊吟①初創舉，蓮社②繼經營；自此詩風起，賡來邑運宏。洄瀾開盛紀，推廣景觀城。③

注：①萊吟，即奇萊吟社。②蓮社，係花蓮詩社。③景觀城，係花蓮縣觀光月、將推廣爲觀光城市。

中華詩學雜誌創刊三十週年慶紀盛

中興鼓吹勢奔雷，華國文章濟濟才。詩教宏揚經一世，學思不懈譽三臺；研窮韻律鏗鏘響，唾吐珠璣今古該。所貴財源從腋集，創新版面別心裁；百年事業艱難見，卅載規模辛苦培。默化心靈催夢醒，蔚為風氣掃雲開。大哉先哲勳猷著，盛矣時賢冠蓋來。勝會空前迎笑口，花團錦簇酒盈杯。

商工雜誌創刊廿五週年紀念

經商通世界，工業進精密，端賴廣宣揚，存誠創品質。

自立晚報創刊二十週年紀念

自信讜言正得時，立誠鯤島久名馳。頻傳消息口碑頌，互勵忠貞肝膽披；漢室中興憑鼓吹，皇圖文教賴匡持。欣逢二十週年慶，頌獻新詩晉一巵。

題春人詩社十週年紀念50、1、23

騷壇一幟海之東，翊贊中興振聵聾。十載干戈撐砥柱，九州父老望元戎；人從薪膽聲威壯，筆挾雷霆志氣雄。齊獻新詩為鼓吹，三臺觴詠樂融融。

展望創刊十週年紀念

神州蕩蕩亂如麻，烽火連天何處嘉。正義伸張誅暴力，和平奮鬥救中華；感懷過去艱難日，展望來茲快樂家。創刊紀年欣十稔，者番成果足堪誇。

太平藝苑創刊七週年紀盛

太平名藝苑，七載慶苞桑。筆陣標奇氣，騷壇放異光；中興憑鼓吹，風教賴宏揚。盛會欣臨日，同歌百壽觴。

注：苞桑，比喻極強固之根基。

掃蕩周刊兩週年紀念

掃淨千軍筆一枝，蕩然不畏懾群螭。周年今二綿其責，刊慶洋洋無盡期。

題國泰建設二十年史

企劃經營有遠程，廿年敬業總存誠，蓬蓬勃勃瞻新象，建設台灣著蜚聲。

題大世紀元時報九評紅朝

評論紅朝共九篇，行行字字盡真言，所陳諸事虛或實，留待後來碑史傳。

讀屏東留稿有感

老狂（王健先生自稱）詩話似隨園。不費磨礱出自然。句句吟來皆雋永。篇篇讀後更華鮮。

璠章別具新生意。玉律當殊舊管絃。最是筆談三韻語。行行字字起雲煙。

題鹿港古今名家書畫集

鹿港開荒兩佰年，更欣元首慶蟬聯，如詩如畫江山美，鑑古觀今合一編。

施雲軒先生鹿江雅集發刊

臨濮堂裔播漢聲，相傳奕世有精英。將軍①威武乘長浪，師傅②神雕譽一生；爍古震今大執法③，懲奸立懦獨垂名。宏揚文化能追遠，雅集鹿江不匱情。

注：①將軍，指鄭成功部將施琅將軍。②師傅，指施修禮爲雕刻師傅，其雕工神乎其技，並終其生而不輟。③大執法，指施世倫執法如山，平冤折獄。見（施公案）

題高著「刑法總論」

監察院司法委員會高主任秘書仰止贈所著「刑法總論」巨冊拜讀一過，感賦七律一首以示敬佩（六十九年）

皇皇巨著大刑章。廿萬餘言句句鏘。剝繭抽絲研理細。明刑弼教用心長。闡揚法治維民本。保障人權上國光。更佩先生多遠識。高山仰止姓名香。

敬題致明族兄著「蘊斌詩集」出版

讀罷瑤章三百篇。摛詞遣字喜華妍。情深富水恩波渥。壽比南山瓜瓞綿。篤老傳經嘉子弟。慈心濟世媲神仙。殷殷寄語蓬萊客。敬謝關懷愧里田。

題蕭姓源流與世系七十七年

戎馬匆忙出遠方。修文偃武樹倫常。年深客地猶原籍。日久殊方即故鄉。夕惕朝乾思祖訓。誠心優禮薦馨香。蒼天浩瀚祈垂蔭。蓬島支分世熾昌。

題黃和平著「三字經」心得

三字訓經，國之簡史。教孝明倫，啟迪雪恥；奕世流傳，文衰振起。善士仁心，闡揚專美。

敬題蔡鼎新「晚學齋類稿」巨輯發行

捧讀瑯章氣浩然，皇皇巨著躋前賢。德高望碩雞林重，識博才雄鳳藻妍；草法真同王逸少，詩風酷似晉陶潛。驚觀楹帖工精健，讚歎折枝點染專；題畫辭華情與藝，說書俠傳劍和拳。嵌聯成對珠璣吐，隨筆為文雋永言；學齋類稿垂千禩，享譽吟壇遠萬年。更佩從商稱鉅子，大財富國壽長延。

題全國美展

刺繡針針費苦辛。丹青古篆最通神。名流俊彥精心作。國粹宏揚萬歲春。

題萬石樓主（陶壽柏）畫展紀盛

藝展年年勝似雲。群情仰嘆此超倫。枝枝傲骨影何瘦。萬石樓中問主人。

敬題劉監委行之書法展

百品法書筆落成。銀鉤鐵畫夙佳評。長髯御史宏文化。贏得藝壇不朽名。

彭鴻賡虞先生書展

彭翁健筆走龍蛇。鐵畫銀鉤字字嘉。賡續古人宏道藝。虞書列傳見皇家。先天早奪威儀在。生意昂揚歲月賒。筆法傳神輝翰墨，展觀碑口競相誇。

注：虞書列傳見皇家，即虞世南奉太宗書「列女傳」於屏風，無一字謬。以喻其書法之功力也。

題瀟湘漁父詩書畫展

藝事年年盛似雲。詩書畫展此稀聞。胸中丘壑驚摩詰。筆底龍蛇仰右軍。百幅生春傳妙趣。一人絕學發清芬。閒時把酒江干上。漁父瀟湘獨釣勤。

敬題張夫子清塵書法展

高風碩學振奇人，筆挾雷霆力萬鈞。摹古籀文松節勁，創新行草墨池春；姿同鳳舞誇清美，矯若龍飛見本真。立雪有緣蒙束約，得觀盛展拱如珍。

匡仲英先生畫展

藝事年年展出中。匡郎書畫不凡同。最堪神髓大千筆。氣韻莽蒼有大風。

敬題蔡鼎新《我字寫我詩》展覽

「我字寫我詩」，鼎公筆力奇。吟詩重實質，寓意寄憂時。書法高名氣，體勢有章規。情深比鶼鰈，魂夢慰相思。

題傅錫華水墨畫展

鹿港奇才錦繡胸。獨耽藝事繪神龍。信君果是識途馬。桑梓不忘總敬恭。

題黃昭雄教授寶島山川特展

胸中邱壑盡雲煙，寶島山川收眼前。繪影繪聲維妙肖，欲晴欲雨倍鮮妍；飛潛動植生機發，清淨幽閒俗慮蠲。黃子才高摩詰畫，神來彩筆舞翩翩。

題司徒坤先生國畫展

邱壑胸中眾口誇。揮毫落紙墨飛花。青山綠野饒詩意。又見藝壇一大家。

題陳楚湘先生影展

蓬島風光好。攝來景更豐。山川維妙肖。盡在鏡頭中。

題蘭花展覽七十一年

春生幽谷發清香。蘭友名流參展忙。九畹花開徵國瑞。南臺亦喜賀詩章。

題山水畫展

錦繡溪山百幅圖。裝懸第宅賞心湖。青峰翠谷幽光景。別有洞天境自殊。

題某銀行開幕

百業鼎新憑幣制，國家命脈在金融。操持順勢銀根穩，運作適時資本充；出納權衡分緩急，中西匯兌盡流通；經營豈讓陶朱富，貿易常存管鮑風；謀利何須專壟斷，求財要以合中庸；往來和悅人情廣，取予公平生意隆；大義毋欺客戶湧，竭誠相待貴賓從。最欣開幕如雲集，日進無疆樂不窮。

題飛宏象山俱樂部

飛躍商機獨占先，宏圖大展業無邊。象雄瑞兆添鴻運，山翠娛情聽響泉；俱是群賢閒畢至，樂夫西子美頻傳，部門裝置全安雅，開幕湧來歲月綿。

注：西子，比喻俱樂部之美

題華堂實業儀器公司

立業全憑執業勤，更須敬業務存誠，華堂實業規模遠，最是價廉儀器精。

題佛光樓素菜館

肉食何如素食香，素餐者壽古今揚，諸君欲償長生願，惟有常常到佛光。

其二

中華餐館似星羅，惟有佛光妙味多。鍋貼金鑲白玉版，盤堆紅嘴綠鸚哥；青精飯類長生饌，赤豆羹調免宿痾。聞道菜香飄十里，隔江曾記渡彌陀。

其三

飲食須愉快，佛光喫素菜。蓴菰慰鄉情，蔆葉忘憂艾。厭棄牛羊羶，無慮魚蝦敗。品味自然高，滿座春常在。

題九如堂酒釀湯糰店

早餐美點已名揚，酒釀元宵糯粽香，雅集群賢何處是，都門惟有九如堂。

題鑫華釣蝦場

坐觀垂釣者，空有羨蝦情，欲得其中樂，一竿手在擎。

題南非葡萄酒公司

葡萄美酒產南非，釀造香醇識者希，最是陳年營養好，強身醉月快觴飛。

題九九紫微斗數命相館

相天下士，閱世間人，紫微論命，斗數當寅。鑑衡有術，研幾其神，觀顏察色，指點迷津。

題張耕一推拿師

耕於妙手始通神，一技之長早在身，推廣人間無盡福，拿除痛苦轉回春。

彭朝寶宗祠重建十週年限下平聲自選一韻

源遠流長憶老彭，來臺拓墾暑寒更。初期落跡雷公崁，逐次開荒鴨母坑；葉茂枝繁滋蔓衍，族群世代有菁英。靈祠重建旬年慶，繼序毋忘禮樂聲。

雲輝先生新居落成

新居欣鼎定，鳥革並翬飛，喬木鶯遷美，華堂映日暉。

題徐玉成鄉兄新居落成

離鄉卅載駐蓬萊，敬業黌宮愛育才。喜見華堂開富貴，更邀明月到樓臺。

題申泰與佩令賢伉喬遷

申申泰定異常人，佩汝夫妻令德純，碩俊其男資穎悟，晏如樂只畫堂春。

注：申申，和舒貌。泰定，神色安閒鎮定。（莊子、唐桑楚）「宇泰定者，發乎天光。」即器宇閒泰則靜定也。

題陳飛龍先生新居誌慶嵌字詩

陳亮才雄萬古空，老成謀國口碑同，飛鵬大展圖南志，龍馬精神仁者風。㈠

陳蕃待客有賢風，飛閣流丹氣派雄，龍鳳呈祥光甲第，公其磊落樂融融。㈡

陳寔人傳有好兒，翁當安享百年期，飛聲騰達流芳遠，龍躍鳳鳴接秉彝。㈢

陳琳書檄令名馳，飛筆為文倚馬期，龍舞鸞翔登傑閣，樂山樂水兩相宜。㈣

題中台禪寺落成誌慶

中台禪寺山環山，十里叢林清未閒，夜半鐘聲傳妙諦，法音嫋嫋落人間。

題鄂州、黃岡兩岸長江大橋落成紀盛九十年九月

疇昔東坡赤壁遊，大川利涉①賴扁舟。每逢駭浪驚濤險，常慮陰霾落日愁；文賦②直今

難世出，江山異代樂時休③。長虹煥采欣初見，黃鄂交親萬戶謳。

注：①利涉：即利濟也。見（易需）利涉大川。②文賦：指蘇東坡之前後赤壁賦也。因以文體方式故多。③時休：乃頌揚時政之休美也。古詩云：九農觀歲阜，萬事樂時休。

其二

石橋①壯麗跨江通，振奮輿情樂洩融。②兩岸交流民族氣，萬家互動笑談風；繁榮社會渾無價，惠利市場奏大功。遙慶落成增盛事，臺澎鄉友口碑同。

注：①石橋：爲水泥鋼筋灌鑄之大橋也。見（蘇軾詩）東海獨來看日出，石橋先去踏長虹。②樂洩融：即舒暢和樂貌。見（左傳隱公）公入而賦，大隧之中其樂也融融。姜出而賦，大隧之外其樂也洩洩。

國際洪門中華總會喬遷誌慶

國家大事記毋忘，際此艱辛須共嘗。洪氣一團懷義俠，門風八面見威強；中天日月肝膽照，華夏英豪意志昂。總冀弟兄任重遠，會償宿願得榮光。

善化道元堂中壇元帥開光

善心弟子信虔誠，化被萬方永太平。道法自然天地泰，元和吉兆斗星明；堂供神像莊嚴妙，中對山川景色清。壇鼎香煙騰裊裊，元師靈赫佑蒼生。

題一貫道發一崇德道場

發誓財施度化人，一言為定一切真，崇高聖業勤行道，德潤凡心不受塵。

題關渡宮法會紀盛唱詩

今朝法會集吟儔，善信同來謹供修。玉旨條條全戒惡，皇恩浩浩永揚休；消災化戾謀民益，祈福焚香壯帝猷。嶽嶽靈山真聖域，佛光普照滿岑樓。

擬恭請　有心財神菩薩咒語

志心皈命禮奉誠，五湖四海仰神明，大慈大德趙元帥，有眼有靈庇蒼生。（奉神）

三江正一大財神，請進門來應我求，生意興隆通四海，財源茂盛達五洲。（求財）

趙公元帥伴余旁，保護平安事事昌，神佑善人能富久，我奉真君一瓣香。（求事）

龍虎玄壇念真君，助我終身大運賡，八節四時皆順利，四方上下任通行。（祈運）

有心財神每親降，送我財金千萬倉，廣進財源如願償，更邀鴻壽比天長。（祈禱）

恭請

三江正一龍虎玄壇趙元帥，急急如律令。

賀高冰女士新居落成

泰山岩畔好為家，水繞峰環景緻嘉。一等經綸陳特色，九揚建設更精華。宮廷城保凌雲漢，畫棟雕欄映彩霞。最是清幽塵不染，居之安穩樂無涯。

題楚騷吟刊八十一期發行

姚老精強矍鑠翁，植才育德教聲隆．主司椽筆咸稱頌，編就七章卓建功；楚調鼓吹能啟智，騷詞淬勵表懷忠．吟壇碩學真高手，刊冊發行季季紅。

贈李仲篪鄉長并序

李子係湖北陽新人，自三十八年由香港渡海來臺灣，即在台電高雄營業處任職，公暇練習毛筆書法，正草隸篆四體均工，尤以隸篆精妙，廿餘年前以鄭固漢隸一幅參加台省書法比賽榮獲冠軍首獎，致仕後任書法教學，並擔任評番，譽滿南臺，寄我隸篆長千行範本，特吟七絕一首勉之。

仙手法書眾口誇，神來之筆走龍蛇，驚觀篆隸皆精妙，首獎名人又一家。

二、慶賀類

（一）合巹詩

賀詹惠中與秋燕新婚

蔡氏女兒詹氏妻，百年好合倡追隨，惠中燕侶心中蜜，休戀秋閨只畫眉。

賀林廣廷與淑荷新婚

才子佳人接兩儀，卿卿我我緊追隨。豐筵同慶盟三禮，嘉話傳來盛一時；拳到五魁六合勝，詩吟兩首百杯宜。若詢岳府酬何物，滿載粧奩費巨貲。

賀董克傑與淑滿新婚

美人唱徹採蓮歌，君寄相思融且和。千里姻緣憑一線；萬般情意託微波；情中燕侶心中蜜，愛正香甜福正多。我寫新詩資慶祝，金吾衛士小登科。

賀建中與愛珠結婚

花燭耀華堂，吹簫引鳳凰，百年歌好合，五世卜其昌。

賀蕭和貴新婚兼高考及格

高屏南鳳共征鞍，屈指為時十暑寒，最羨題名金榜後，光增豸閣喜紅鸞。

注：高、屏、南、鳳，係高雄、屏東、台南、鳳山等縣市。

孫如晨與許月娌結褵

如意云乎聲細細，晨昏相對語絲絲，月圓花好人長健，娌語原來太美詩。

（二）介壽詩

祝壽頌

九如天作保，五福壽為先，共祝南山頌，喜傾北海筵。

領袖頌

偉哉　領袖，民族巨人，繼往開來，獨膺大任；建軍黃埔，完成東征，誓師北伐，統一功宏；八年抗戰，終敗強鄰；剿匪靖亂，率土歸仁，瀛台砥柱，經武整軍。友邦國際，聲譽同欽。領袖康健，軍民歡騰，領袖萬壽，日月並存。

恭祝　總統蔣公華誕

眾星環北斗，仁者壽南山。松柏長春茂，軍民共笑顏；英明符海嶽，乾德配瀛寰。更作華封祝，中原躍馬還。

四十壽

高冰女士四十壽慶

不惑芳齡正壯年，天生麗質洛中仙；旅臺親友同聲慶，淑惠佳名碑口傳。

五十壽

李有德世伯五十壽辰

南極星輝爽氣臨，從戎有子遠征金①，老人矍鑠知天命，為祝遐齡報捷音②。

注：①金：指金門。②捷音：台海砲戰第一回合勝利。

營中獻母壽（代）

意欲承歡隔海垠，難全忠孝作完人，戎衣權代綵衣舞，留影錄音壽母親。

瓊姿教授五十壽慶

咏絮才高譽早傳，春風化雨育英賢。滿園桃李芳菲競，繞膝芝蘭忠孝全；萱草忘憂添壽算，婺星長曜合家圓。欣逢五秩稱觴慶，藹藹慈顏望若仙。

陳慶煌教授五十初度步韻

揚帆學海搏行舟，立禮昌詩曷有愁。天降英賢才蓋世，國培梁棟志匡周；正當年富追三傑，待月鵬摶震五洲。事業一生纔過半，更揮彩筆詠時休。

六十壽

劉副社長毅父先生六十壽辰

清新雅逸仰詞人，主義宣揚四十春，檀島僑居推健者，爭光祖國祝生辰。

胡國代秋原先生六旬壽慶

枌榆謀福祉，棠愛早稱傳。諤諤英豪氣，泱泱江漢賢；蓬萊施化雨，桃李共芳妍。此日逢周甲，星輝祝大年。

和徵明宗長六十書懷

十律鏗鏘自壽詩，可歌可譜九如詞。峨嵋毓秀多豪傑，川水長流出健兒；學行堪欽明以志，楷模足式應為師。深謀老將還須仗，六秩康強耳順年。

天壽親家六十榮慶

天降時賢邁等倫，祥開六秩歲華新。身居象魏惟宏法，學究申韓總愛仁；自古文章多壽考，且緣蘭桂兩家親。他鄉都挈妻兒樂，更晉弧觴酒一巡。

唐寧女史六旬榮壽

唐唐淑德人中傑，寧靜雍容心自悅，女美才高滿庫金，史書應紀仁壽節。

注：唐唐，形容人心胸坦蕩，有道德。

七十壽

費大中先生七旬暨抗敵再生卅六週年

蒿目時窮奮請纓，聯僑抗議震東瀛。艱難授命撐危局，獎譽蒙頒獲盛名；七秩弧辰康且健，千秋德業老猶榮。更逢卅六年前日，忻慶紅羊劫後生。

周世輔教授七旬66年

靈鍾衡嶽天姿異，望重鯤台豈等閒。道在杏壇功在國，福如東海壽如山；平生著述金聲振，主義宣揚懋賞頒。二鳳三龍齊繞膝，延年美意笑開顏。

賀楊祚杰先生七旬元韻

漫云歲月感韶華。七十康強齒德加。密笏久參神不倦，廣陵新唱韻偏賒；萍飄違難毋忘莒，綰結同心慶有家。退谷而今閒對酌，怡情庭院且澆花。

張審計長導民七旬壽慶

度支笎綰著勳勤，體國公忠更博聞。千里驊騮期遠大，滿庭蘭桂郁芳芬；貨無棄地民咸服，德有虛懷氣自薰。今祝稀齡逢歲首，屠蘇並與壽觴醺。

成考試委員惕軒七旬壽頌

江水滔滔漢水湯①，哲人天賦氣軒昂。詩成七步辭三準②，日試萬言目十行③。少就大儒親有道④，壯銘宏願⑤久彌光；四箴⑥信守風操亮，五頌⑦中興姓字香。銓選群英輝棘院⑧，甄陶多士蔚膠庠；平生好善恩波渥，篤老傳經⑨教化揚。政事卌年懸藻鑑⑩，文章百代耀旂常；藏山閣上春秋盛⑪，來鳳簃中歲月長⑫。德厚神姿清且美，望隆杖國壽而康。蘭薰桂馥扶鳩笑，北海樽開醉羽觴。

注：①江水、漢水，係湖北省境二大流域也。即成試委誕生省籍。以喻地靈人傑之意。②七步、三準：七步成詩，見魏文帝（曹丕）令弟植七步中作詩，不成行大法，植應聲便成為詩。見（世說）「煮豆持作羹，漉菽以為汁；萁在釜下燃，豆在釜中泣。本自同根生，相煎何大急。」喻詩才敏捷之意。三準，謂文章之情、事、辭也。見（文心雕龍鎔裁）「草創鴻筆，先標三準。」③日試萬言目十行：見（李白書）「雖日試萬言，倚馬可待。」謂試題繁多，而成文快速。另見（北齊書・河南王孝瑜傳）「讀書十行俱下。」謂閱書敏捷、一覽可及十行。又宋高安劉元高生有異稟，讀書一目十行也。與姚勉、胡仲雲、稱高安三俊。④有道：謂德望崇高，才器特異之人。見（論言・學而篇）「子曰：君子食無求飽，居無求安，敏於事而愼於言，就有道而正焉，可

謂好學也已。」⑤壯銘宏願：見〈贈曾齊虹序〉「用是發一宏願，他日使吾枋政，扶持寒畯，獎掖英髦，耿耿寸心，銘諸陋室。」⑥四箴：即四維箴之簡稱。內爲：敦禮、尚義、守廉、明恥四者。喻君子雖處亂世，應不改其常度也。特訂自勉勉人。⑦五頌：指還都頌、金門頌、介壽堂頌、嵩海頌、建國篇等鴻文，均具歷史價值。尤以還都頌一篇，曾獲層峰重獎，騰譽陪都，極一時之盛。⑧棘院：即今之考院試也。昔時考試，嚴密關防，試院圍牆皆插棘，故稱棘院或棘圍。⑨篤老傳經：漢伏勝，濟南人。勝時年九十餘，老不能行，使晁錯移受之，得二十九篇，見〈漢書．儒林傳〉。又〈杜甫秋興詩〉「劉向傳經心事違。」⑩藻鑑：即品藻鑑別之意，每以稱任銓選之職者。見〈職官分紀〉「買餗與禮闈，所選士，多至公卿，人服其藻鑑。」又〈吳融過丹陽詩〉「桂枝自折思前代，英鑑難逢恥後生。」又〈杜甫上韋左相詩〉：「持衡留藻鑑。」謂選士明察也。⑪藏山閣：成公里居，舊有樓閣，煙巒四環，淨綠當牖，少日弦歌其上，榜之曰藏山。意謂藏閣於山，將以奉親養志耳。⑫來鳳簃：成公於庚子秋移寓之邸舍。內有：圖書充棟、字畫滿牆、古物珍品盈架，琳瑯滿目、雅緻舒懷，亦其潛修著述、禮遇賓朋之客館也。

某女士七旬榮慶

列女傳中燦異光，歡承菽水奉高堂。全忠全孝全貞固，令望令儀令德昌；美意延年添海屋，春風化雨蔚膠庠。遙觀青鳥來天際，滿載幡桃獻壽忙。

和陸宗炎鄉長七旬自壽七十一年

老人杖國比喬松，正值老當益壯雄。曾有八仙老過海，胡云七老弱驚風；從今開始年非老，自古稱稀壽老翁。以老為詩詩筆健，童顏不老樂融融。

吳惠平博士七旬榮慶

滔滔渤海久流光，武進支分繼序長。學貫中西多著述，術精針灸倍傳揚；功昭異域爭榮譽，圖繪神蝦兆吉祥。天錫古稀開宇壽，笑看蘭桂滿庭芳。

敬步曹志貫鄉長七旬書懷元玉（八十三年八月）

退歸補讀古今書，援筆為文意自如。著述已經成七卷，休閒早識訂三餘①；不貪高位功名享，卻愛新溪②風景居。兩岸親朋常問健，樂夫壽愷滿懷舒。

注：①三餘：指餘閒的時間。見（董遇言）「冬者歲之餘，夜者日之餘，陰雨者時之餘也。」此又指新三餘，即出國旅遊、晨運健身及衛生麻將三事也。②新溪：即新店溪之簡稱。

敬步王希堯學長七旬述懷原玉

正氣不容邪氣侵，端從武德蘊乎心。胸羅典籍才思湧，文采風流酒醉吟；退省林泉名淡泊，修齊學養道彌深。且看海峽千堆雪，一疊一波送好音。

其二

離別時長相見稀，都緣戰亂局全非。請纓報國同心向，舞彩娛親祇願違；堪忍客台庭桂馥，毋忘故里鱖魚肥。倘償統一謀和定，攜手江頭玩夕暉。

敬祝張定公吾師七旬榮慶八十七年十一月

古稀今始政聲隆，敭歷樞衡立德功。蓮幕早參誇健筆，棘闈歸去振騷風；三千弟子宮牆望，四海詞儔意氣同。引領芝山春永駐，高臺蒔藝習喬松。

其二

昌詩宏教賴文翁，易俗移風奏大功。肯把嘉譽拋度外，常多雋語發胸中；賓朋乞字掀髯笑，蔗境回甘報歲豐。最羨鴛鴦仙眷屬，延年美意祝明公。

其三

囊投甲帳記三重，講武修文勵效忠。間以句奇叨謬許，勉從理順貫思融；荷承知遇蘭臺薦，更擢評章棘院充。浩蕩鴻恩深似海，廿年長自沐春風。

賀彭賡虞（鴻）先生七旬雙慶

彭翁英氣萃華顏，鴻鵠高翔未易攀。早著武功揚海宇，晚揮神筆播瀛寰；從心所欲天行健，抱膝長吟性自閒。福慧雙修真賢匹，松蒼柏翠對南山。

八十壽

敬和伏嘉謨（壯猷）先生八六自壽原玉

襟懷磊落喜陶然，好是人寰一散仙。天錫松齡神矍鑠，字成蕉葉力毫巔；名高聯聖才無盡，老媿文星夜未眠。放浪形骸三徑愜，行吟林下渾忘年。

陳夢渭國代八秩晉二榮慶

生平亮節住蓬萊，又值秋高菊燦開。早睹塵氛淹日月，嗣參鼎革挾風雷；忠供軍政爭先著，愛育芝蘭啟後來。大德耆年欣矍鑠，喜從國會且登臺。

毛斌三將軍八秩晉二華誕

斌斌有禮古賢風，三老身心積健雄。將命早完隨扈責，軍威永在不居功；八方盡賞楓丹艷，二地同尊望碩隆。華祝三多娛繞膝，誕辰燕喜樂融融。

注：二地：此指台灣與加國親友而言。

王夢雲先生八秩晉一榮慶

瓊山挺秀本靈鍾，南海滄波欲壯胸。矍鑠老人雄且傑，春秋槐樹勁而蘢；蘭馨桂馥綿瓜瓞，龍躍鳳鳴樂國雍。八一弧辰躋上壽，名流齊頌萬年松。

恭祝黨國元勳張懷九（知本）先生八秩大慶

荊山鬱鬱大江濱，天降哲人邁等倫。事業千秋垂象魏，功名百代耀麒麟；丁年已得亡秦社，晚節猶持靖賊塵。願祝箕疇九五福，允為故國萬家春。

某司法官八秩壽慶

星輝南極耀中天，鶴算添籌八十年。業紹申韓宏法治，學傳壼嶠毓英賢；折獄有聲昭豸閣，詰奸無畏抑強權。樽開北海賓朋盛，更祝期頤賦一篇。

敬賀周至柔上將軍八十榮壽

曰仁曰勇上將軍，威震長空早著勳，八十杖朝昌國運，壽高德劭有清芬。

李漢菁先生八秩大慶六十五年

襟懷蕩蕩若江河，志切澄清憤負戈。國難方殷紓計策，春風廣被育菁莪；經綸滿腹精神健，戮力從心獻替多。甚佩遐齡勤著述，瑤編句句可絃歌。

黃仁俊先生八秩

黨國尊耆彥，簪纓譽早傳。豈徒為善舉，更樂以僑聯；矢志謀匡復，除奸奮直前。八旬春似海，祝嘏獻詩篇。

又

旅美膺僑領，精英獨遠揚。雄圖抒黨國，碩德譽宗邦；俠士豪而義，仙翁壽且康。欣逢登大耋，共誦九如章。

陳監察委員翰珍八秩

八十春秋德澤存，三千桃李仰隆恩。柏臺令譽揚中外，鴻案相莊樂子孫；樓榜翰珍書滿架，筵開玳瑁酒盈罇。籌添海屋無疆壽，歸賦錦堂養望尊。

徐崇文評事八秩壽慶

極星朗朗耀嵩辰，八秩祥開景福新，枉直平亭公體國，忘年含笑樂天倫。

壽子寬先生八秩

仁慈恒秉性，道德受尊崇，群倫為表率，大耋祝華封。

壽丹崖先生八秩

政績著宏聲，甘棠齊入詠，康強曰是翁，釣渭久而敬。

劍岷先生八秩嵩慶六十八年

投身革命，起義開封。矢忠尚勇，風虎雲龍；安懷老少，匡濟時窮。祥開八秩，壽比華嵩。

黃梅吳大宇監委壽頌

職司風憲卅餘霜，廢寢從公歲月忘。堅定立場宣國是，獨持遠識肅官常；平生論學文人度，糾謬繩愆御史光。有守有為有毅魄，亦莊亦藹亦狷狂；多謀足智錦囊計，度理衡情玉尺量；字換籠鵝懸腕勁，胸無城府直腸剛。登壇慷慨今猶昔，處事方圓老更強；獻替劻勷功在史，烏臺欣見柏蒼蒼。

秘魯僑領鍾景先生八秩壽辰

秘僑推領袖，忠愛大中華，矍鑠堅而美，遙歌壽永遐。

壽某先生八秩

三輔精英志氣豪，獻身黨國倍賢勞。經綸郅治枌榆重，棫樸作人德望高；勤訪美歐宏識見，鑽研土地秉情操。議壇碩彥聲奮謣，熙笑渾忘大耋耄。

壽某某學長八秩榮慶

壯同遊宦少同窗，頭角崢嶸器宇昂。黍雨早傳名主簿，春風久煦蔚膠庠；杖朝矍鑠岡陵健，釣渭絲綸日月長。更喜蘭陔俱俊秀，怡然新陸樂徜徉。

注：新陸：指美洲。為新大陸之簡稱。

陳炎水先生八秩榮壽

賦性急公好義多，團僑報國闢先河，蘭孫桂子階前秀，壽譜九如入詠歌。

和焦志遠鄉長八十生朝書感原韻八十八年元月

來臺早卜美崙居，引退韜光俗慮疏。豸閣名傳廿載著，磊園壽慶八旬餘；明刑弼教能持始，苦盡甘臨不負初。最是蘭孫娛膝下，含飴享樂樂何如。

敬祝張夫子清公八秩榮慶

大耋嵩齡百福膺，如松如柏如岡陵。誕生嶽麓鍾靈地，敭歷蓬壺玉尺繩；講學上庠弘教化，展書藝苑見才能。耆儒詠雅香山入，祭酒名高美譽稱；晚歲著文明哲士，芝巖養晦在家僧。有清風骨登仁壽，毋負聲華讀火燈；笑看桂蘭皆挺秀，燕酬賓客喜飛騰。追隨杖履恩施渥，敬晉醇醪飲兩升。

壽呂振聲鄉長八秩大慶

唾吐珠璣律四章，詩清韻雅倍鏗鏘。從來學博增名氣，自是才高耀國光；獨步詞壇推祭酒，畢生事業福鄉邦。遙聞富水姜公望，釣渭情懷日月長。

次韻菲僑陳王素琴女士祝翁姑八十雙壽

星輝極婺掛南天，鶴算雙添八十年。四代兒孫捧玉案，滿堂親友宴瓊筵；懸壺濟世明醫德，愛國輸財樂助邊。更羨才媛多妙句，承觴上壽獻詩篇。

其二

僑居異國有誰同，福慧雙修一室中。業創陶朱開壽域，名揚嬀汭振家聲；椿萱並茂強哉矯，蘭桂騰芳樂也融。我寫鸞箋留紀錄，柳營詩句未遑工。

鐸山先生八秩暨德配周夫人七旬雙慶

育才培國本，制憲樹宏規，人並南山壽，筵開北海卮。

賴琴午（文清）先生八秩雙慶

以詩介壽韻聲雄，行健誰堪媲此翁，壯歲馳驅騰美譽，盛齡獻替建豐功；琴書嘯傲高吟雅，鶼鰈交歡勝孔融。佇聽凱歌迎歸棹，西湖煙月一尊同。

祝某某先生八秩雙慶

雙修道業貫天人，厚德耆年運際新，孝子賢孫娛繞膝，極婻並曜樂良辰。

王雨生與馮秀琛賢伉儷八秩雙慶

三槐餘蔭夙傳承，息國懋遷奕葉興。苦志貞元償宿願，謀猷帷帳實堪稱；胸懷坦蕩聲柔婉，性稟忠貞操雪冰。鴻案齊眉謳大耋，滿庭蘭桂日烝烝。

祝吳國幹仁兄與楊太鳳表姊八秩雙壽

國士賢能擅度支，幹才報效屢操奇。仁人壽並尊耆老，兄弟友于亦我師；太任孟光恒足式，鳳毛希逸別多姿。表徵德範春秋盛，姊壻齊眉永樂之。

注：希逸，係謝莊之字，莊美儀容善屬文，官至太子中庶子。主張廣用人才，懷念中原，欲歸不得。著有（謝光祿集）。

賀貫一
春枝伉儷八秩
七旬暨金婚雙慶

貫澈力行志業隆，一生善念係由衷。春秋鼎盛精神健，枝葉互持兒女聰；八秩康強饒氣概，七旬婉約倍圓融。金蘭契合恩情厚，婚媾相莊命運通。雙宿雙飛遊世界，慶欣壽福樂時雍。

賀雪青仁兄八秩晉六誌慶

貞心謀國是，孝友樹家風。隨扈勳功立，持躬信仰忠，梅花三燦瑞，令望早稱雄。更期長壽健，矍鑠一仙翁。

賀雲青學長八秩晉六華誕

精誠謀國是，壯志御長風。隨扈勳勞著，謙光信仰忠；梅花三燦瑞，令望早推崇。更期嵩壽健，矍鑠一仙翁。

九十壽

賀陳監察委員香貽九秩大慶

翩翩風度一賢良，壽比南山松柏蒼，福備九疇徵大德，怡然自樂樂揚揚。

賀棄井仁丈九秩大壽

龍吟虎嘯未曾休，唾吐珠璣豈易求。人健更兼詩筆健，國憂先為庶民憂；覃敷教澤光寰宇，振起騷風滿畫樓。際此詞林誰得似，耄齡高雅拔頭籌。

敬壽蔡鼎公九秩大慶

八閩大老壽源長，熙笑忘年志業昌，寫字哦詩渾無我，華文俠傳有高章；學齋類稿皇皇著，商界戰場炳炳光。碩德神姿清且美，謙謙儒雅一身藏。

壽軍凱老先生九秩雙慶

攀垣拊敵壯志昂，征討聲威震四方，戰馬嘶嘶真氣概，勳功赫赫耀旂常；南溟宿將邦家重，北海弧筵琥珀光。極婺聯輝騰瑞彩，綿延福壽樂無疆。

李士珍先生九秩雙慶

雙星朗朗耀中天，鶴算同登耄老年，功在邦家添福祿，滿堂繞膝子孫賢。

九十自壽十疊韻

首韻（求學心影）

行年九十笑嘻嘻，細說童生學考時。早識之無初入塾，勤披經史習吟詩；縣中初試啼聲喨，政大研修特達知。幸爾青錢能中選，彈冠笑達錦衣隨。

二疊前韻（從軍奮戰）

行年九十笑嘻嘻，回想半生戎馬時。軍旅薰陶霜厲志，兗徐征伐雪催詩；亂平芷水民心奮，砲戰金門天下知。有幸明潭肩隊職，層峰駐蹕衛從隨。

注：明潭，即日月潭，南投屬地。

三疊前韻（為政服官）

行年九十笑嘻嘻，又憶服官政務時。初進中樞司檔案，轉膺烏府應文詩；屢遴掾史提糾謬，榮獲憲臺許遇知。簡任儒冠終不負，忠勤敍獎美名隨。

四疊前韻（亂世鴛鴦）

行年九十笑嘻嘻，若論婚姻緣到時。僑越佳人誇淑德，好逑君子題紅詩；鍾情兒女多情愫，亂世鴛鴦普世知。遠渡重洋來合巹，永諧琴瑟喜相隨。

注：亂世鴛鴦：指當年越南烽火滿天，來台不易。

五疊前韻（購屋安居）

行年九十笑嘻嘻，購屋雙棲正是時。集腋成裘無貸款，喬遷誌喜有題詩；門環淡水藍如繡，廓對名山美自知。待上岑樓憑眺遠，長空萬里月光隨。

六疊前韻（屆齡致仕）

行年九十笑嘻嘻，退省林園順勢時。早起爬山登頂嘯，晚遊獨步感懷詩；讀書練字忘神倦，淡飯清茶莫我知。豁達胸襟精氣爽，形骸放浪任情隨。

七疊前韻（返梓探親）

行年九十笑嘻嘻，返梓探親開放時。童稚排班欣迓客，學朋拱手贈迎詩；田連阡陌驚荒廢，恩報椿萱愧可知。引領新莊豐果實，夫勤創業婦追隨。

八疊前韻（社團服務）

行年九十笑嘻嘻，踏入民團活動時。奧處①情商為顧問，中研②聘委論詞詩。台綜③邀請編方志，選戰廣宣籲眾知。最是秋闈評試卷，恩師舉薦獲追隨。

注：①奧處：即世界奧會聯絡處。②中研：爲中華學術院詩學學研究所之簡稱。③台綜：全名爲台灣綜合研究院。

九疊前韻（著述刊行）

行年九十笑嘻嘻，積稿綜編出版時。文萃概分四種類，詞叢數計萬行詩；楹聯璀璨添光彩，集錦琳琅見故知。監察權篇新論點，陳情平反賠償隨。

十疊前韻（晚年逸樂）

行年九十笑嘻嘻，生活起居勝往時。游藝棋牌常動腦，閒情興趣偶哦詩；宜頻上網求新識，充分安眠覺自知。蘭桂騰芳娛繞膝，最難老伴長相隨。

三、悼輓類

（一）哀輓詩

悼先總統蔣公崩逝

大哉先總統，四海倍尊崇。赫赫偉人業，謙謙仁者風；河山歸一統，父老望元戎。左右長相許，遺言貫始終。

悼賈資政煜如（景德）先生

黃河浩瀚太行高，三晉耆賢一代豪。藝苑文章留舊價，吟壇忠愛續離騷；門盈桃李稱多士，字仰龍蛇動彩毫。天喪斯人沉泰斗，瀛台風雨共悲號。

悼陽新避難來台同鄉逝世

不堪蹂躪渡鯤瀛，憂國懷鄉劍欲鳴。合力有心興漢室，殉身無計滅秦嬴；寒松挺拔枯猶勁，俠骨留芳死亦生，待到反攻仇已雪，諸公地下也怡情。

悼駱理丞鄉丈

投歸祖國到蓬瀛，一擊難忘博浪情，誰與先生修懭史，鯤濤怒作楚江聲。

輓李文鴻緒逝世

記披詩卷我曾云，經世詞章語出群。豸閣耆儒全壽考，鯉庭孺子有奇芬；聯吟明月梅花夢，退谷隱身翰墨耘。此後老成凋落盡，胡天不憖遺斯文。

懷成惕軒鄉丈

每逢時會謁庭闈，叨荷紆尊笑啟扉。一代鴻儒推碩學，滿腔博愛有清暉；騎鯨海上雲飛去，來鳳簃空鶴不歸。坐我春風隨杖履，撫今追昔總依依。

輓李仲安先生

一葉飄零玉露初，老成凋謝痛奚如，鄂州早著韓非業，豸閣長存李氏書；藥石枉靈驚化鶴，山河頓邈竟陵虛。先生安息應含笑，蘭桂騰芳有令譽。

悼陳母林太夫人

—慰陳慶煌博士哭母詩—

百齡人瑞報升天，應是瑤池增一仙。懿德揚芬垂後世，坤儀足式媲前賢；長看蘭桂盈階秀，夙恤孤貧晚節堅。更讀哀章同涕泣，柏舟惇惠入詩篇。

敬悼龔副所長稼雲（嘉英）先生

長研社學著文章，並獲中山創作光。勤讀早成膺拜命，教持背誦始良方；安臺定策能源備，致仕隱居詩酒王。自後青潭銀閣冷，吟壇齊慟道難忘。

注：銀閣：即銀鈴閣之簡稱。

敬悼馬副所長鶴凌先生

稼老騎鯨剛去杳，鶴翁駕鶴返仙鄉。功高麟閣忠猶秉，節亮人間德益彰；桃李芳華嘉子弟，珪璋特達美兒郎，長思世界大同見，念念毋忘國祚強。

敬悼永遠第一夫人蔣宋美齡女士

巾幗英豪第一人，長隨左右相夫君。歷經戰亂撫螟子①，遊說美邦獲虎軍②；馳救蒙塵③還帝里④，恢宏婦運勵忠勤。最難大隱蝗蟲谷⑤，養望百齡永世勳。

注：①螟子：即螟蛉子之簡稱。此指育幼院遺孤尊呼蔣夫人爲媽媽。②虎軍：指美陳納德將軍組空軍「飛虎隊」來華支援抗戰之義軍。③蒙塵：係先總統蔣公出巡西安，遭張學良、楊虎臣等劫持事。④帝里：即京都。指當時南京首都而言。⑤蝗蟲谷：位於美國紐約。爲蔣夫人晚年隱居地。

輓袁觀漁先生

胸懷鵠志奮從戎，歷盡艱辛貫始終，首考憲兵經戰禮①，繼投官校習韜工，領軍大膽②巡前哨，處事低姿不好功，清白謙和饒正義，勳勞壽寢應褒忠。

注：①戰禮：指參加徐蚌會戰之洗禮。②大膽，即原名大擔，蔣經國院長更改有「大膽挑大擔」之意。以鼓士氣。

（二）冥誕詩

先總統蔣公百齡冥誕頌

三民主義，吾黨所宗。繼承　國父，總統　蔣公。豐功偉業，萬邦推崇。堅定政策，民主陣容，復興文化，揚我漢風，長相左右，責任毋鬆，謹遵遺訓，為民前鋒，統一中國，以進大同。

又先總統蔣公百齡冥誕紀念

天縱挺人豪。聲名邁今古，革命作導師，大任繼　國父。薪膽策鴻圖，軍民皆鼓舞，國事卜中興，聖躬忽崩殂，一統大中華，左右長相與，主義必實行，政風開民主，冥誕百歲逢，遺言恒記取，風雨生信心，河山終還我。

劉殿華烈士百齡冥誕（七十六年）

志切澄清不顧身，魯膠起義竟成仁，山溝碧血英風在，大節炳然萬古春。

鄉賢王伯超將軍百齡冥誕紀念

邑有雄才早所聞，崢嶸頭角自超群。從戎護國抒鴻志，隨蔡（鍔字松坡）反袁（即袁世凱）起義軍；留法回京參學運，轉湘殲敵立奇勳。晚年致仕行仁術，放浪形骸閒看雲。

紀念王伯超先生百齡冥誕

大志由來矯不群，請纓護國效終軍，久參戎幕紓籌策，屢建奇功遐邇聞。

其二

畢生事業出人頭，功在邦家願已酬，偃武修文多著述，張顛狂草滿銀鉤。

成丈惕軒百齡冥誕紀念步陳冠甫博士原韻

駢文泰斗巨星沉，念念難忘知遇深。樂善一生培學子，儷辭四頌見貞心；飯而三吐賢才待，舉爾兩全政策欽。功懋選銓輝棘院，高風亮節式垂今。

注：四頌：係還都頌、金門頌、介壽堂頌及嵩海頌等。

蕭蘿仙老先生九秩暨德配羅太夫人九五冥誕

衡峰七二鬱苕蕘，令德椿萱出六鼇。愷悌慈祥陶後進，勤廉信慎勵兒曹；三千甲子蟠桃熟，九五箕疇景福高。海嶽奉安今十稔，清芬永挹漫陵皋。

其二

蘭陵綿世澤，宗派衍湖湘。先德流光遠，後昆繼代昌；傳家崇善果，敬業樂書香；九五雙星壽，百聯異彩揚。孝思真不匱，千古美倫常。

幸廬居士冥誕八十六年十月二十日

居士俗名陳貽鈺字式如，先世籍江西廬陵，避亂轉徙湖北漢川，因居焉。

居士畢生懋績多，英髦從政志嵯峨。護輸實物完膺命，撫輯青年免折磨；為國量才揮玉尺，審書定稿刈煩苛。等身著述咸傳世，致仕皈依我佛陀。

注：撫輯、安撫集聚之意。

劉振彪先生逝世週年紀念和張直筆元韻

彈到高山月上琴，鏗鏘入耳碎鳴金，輓詞悽惻情癡淚，志士堅貞玉石心；每對棋枰思往事，更從粵劇憶徽音。君如域外歸台日，喬木森森蔭滿林。

注：劉先生係同事高遠桑兄之岳丈，其人落脫不羈，酷嗜象棋作樂，聽粵劇怡情。

又

劉公作古瞬週年，一往情深弔靈前，堪佩先生風義重，至今猶見伯牙賢。

羅卓民先生冥誕

惟公清操，濁世無污，服官修謹，折獄匡扶，履仁蹈義，大德不孤。義方教子，有庭可趨。妻修律法，女讀刑書，代垂象魏，繼父相夫。年臻高壽，體弱長徂，今逢冥誕，敬獻香酤。

伍、折枝詩餘篇

一、折枝（詩鐘）三十聯

對酒當歌雙鉤格

對座敲棋呼老酒。
當關拔劍發高歌。

張惠康評：有大河奔海絕嶺摩雲之勢。

其二

酒逢知己聯床對。
歌動泰山巨石當。

其三

對月吟詩斟美酒。
當時起舞唱高歌。

其四

當年盤頌家家酒。
對月琴橫夜夜歌。

深柳讀書堂五雜俎

槐市圖書供苦讀。
草堂楊柳伴深居。

其二

深夜鱣堂錐股讀。
長堤煙柳鎖窗書。

樹深花近雙鉤格

深山巖壑猿啼樹。
近水樓臺月漾花。

其二

樹擁天邊紅日近。
花開嶺上白雲深。

曲　香（比翼格）

莫把人心評曲直。
且看花蕊溢香妍。

綵　麟（三唱）

堂舞綵衣添歲月。
雷驚鱗甲起風雲。

一竅有靈通地脈（對下格）

一竅有靈通地脈。
孤峰無礙出雲端。

一江秋（流水碎）

一角江山雖樂土。
八方風雨盡秋聲。

其二

一統江山餘片土；
八方風雨滙三秋。

九　歌（自由格）

歌五百人之壯烈。
摶九萬里以扶搖。

其二

光耀九天能奪月。
歌騰四海遏行雲。

其三

九如詩頌堂堂曲。
萬眾歡騰踏踏歌。

其四

望斷九洲星落落。
歌盈四海馬嘶嘶。

時　地七唱

十年教訓眠薪地。
一旅中興復國時。

其二

國子貞心忍失地。
孤臣苦志力匡時。

金　花一唱

金燦輝煌光四壁。
花開嬌艷美三分。

其二

金到精時品自重。
花當明處月還香。

其三

金為珍品書為寶。
花有清香月有陰。

中華詩學為眼字，嵌一六唱

中興文運宏詩教。
華美國風賴學官。

其二

華岡遠眺多詩意。
中夜澄懷重學行。

其三

中用箴言稱學則。
華嚴偈語妙詩籤。

其四

華國文章真學問。
中和化育美詩篇。

中華一唱—鳳頂格

中正和平敦夙好。
華離統合賴群英。

其二

中夏英才雄且傑。

華胥美夢樸而純。

詩學六唱—鳧脛格

歸田作賦今詩伯。
為國衡才古學臺。

其二

東漢何休稱學海。
中唐杜甫頌詩王。

二、新詩四帖

㈠、秋蟬

看
　長空萬里
　氣爽秋涼
聽
　城廓高樹
　蟬聲四起
其長鳴也
　悲壯
其低吟也
　悽愴
這並不表示
　哀愁　哭訴　頹唐
而更激勵著
　堅忍　奮發　圖強

㈡、憶珍珍八十一年

藍藍的天
白白的雲
藍天白雲美不勝
嬌敏人兒眾口稱
她
　歌似黃鶯正出谷

舞如仙女下凡塵
行來輕輕蓮步
坐比南海觀音
教儂
　怎不憶珍珍

㈢、少女像贊

是牡丹
是芙蓉
是玫瑰
都為
　初開的蓓蕾
×　×　×

像雪梨
像金橘
像蘋果
可知它
　甜美的滋味
×　×　×
笑口常開
心花怒放
豐姿欲滴
這才是
　青春的氣息
×　×　×
啊
　不像人間種子

恰是
　洛水神仙

㈣、美的追求

啊！佳麗：
　世界是多麼美，
　人生是多麼美，
　青春是多麼美呀！

讓我們：
　欣賞它，
　熱愛它，
　擁抱它，
　追求它吧！
這樣，有一天我們就可以毫無遺憾地
說：
　我們已看到了真正的美。

三、詩餘（詞）（十二闋）

㈠、浪淘沙

——慶祝雙十國慶——

禹跡遍屠場，國亂民傷，碧山紅樹莫飛觴。四億倒懸星火急，簞食壺漿。薄海喜同慶，我武維揚。龍驤虎躍向西方。萬眾歡騰盈寶島，日月重光。

㈡、鳳凰臺上憶吹簫春日賦征人

鼙鼓催寒，新機煥發，漸來春暖窗前。最愛風和日，萬象新鮮。　望望陰森鐵幕，黎元子，個個悽然。傷心極，鷹瞵虎視，更是瘋癲。　悁悁！河山此日，如墜塌危巖，淚滿江天。救亡人人責，誰肯停鞭。　看汝昂昂壯氣，征人去，盡掃狼煙。期來日，重光國土，快樂年年。

㈢、十六字令

——壽陳監委香貽——

年，嵩高烏府一青天。德無量，日月照坤乾。

㈣、長命女賀新婚

新婚宴，美酒一杯歌一遍，更祝陳三願。一願產業萬萬，二願兒孫蔓蔓，三願如同梁上燕，日日長相見。

㈤、臨江仙

——題關渡宮古佛洞——

佛洞深深深幾許，清幽古洞連綿。江風吹散

世塵煙，臨關希自渡，面壁好參禪。

　寒夜青燈無曆日，清心廣種福田。辟除百沴免熬煎，靈山應不遠，刀放立成仙。

㈥、菩薩蠻法會即景

梵宮聖母從天降，善信湧來空里巷。齋戒牧群生，心香一片誠。　金鐘百二響，驚醒癡迷想。禮讚佛音傳，清修功德圓。

㈦、臨江仙賀新居

壯麗華堂環擁翠，紫微高照呈祥。山光水色煥文章，彩雲籠繡閣，海燕宿雕梁。　喜報鶯遷春正暖，更欣仁里花香。黎明清境好村莊，谿山開畫景，堂構慶苞桑。

㈧、如夢令山水畫

門外柳陰千頃，兩兩黃鸝相應。睡起不勝愁，行過小橋曲徑。寧靜，寧靜，風動滿樓花影。

㈨、夢江南山水畫

屋中寢，彎月下簾鈎。　夢見江南橙熟日，桃花柳絮滿江皋。華髮短搔。

㈩、千秋歲

——壽黃建元先生八秩晉五大慶——

厲兵秣馬，帳設雲龍①麓。淮海戰②，哀鴻哭！冰天飲雪水，後補無糧菽。程盧變③，西南半壁全顛覆。　憶離滇蒙④境，貔虎乘機軸⑤，飛鯤島，悲殘屋⑥。十載勤生聚，民康衣食足。功成矣，歸田安享嵩齡祝。

注：①雲龍：山名，位江蘇徐州市。②淮海戰：即中共所謂淮海戰役。亦即徐蚌會戰。③程盧變：指程潛、盧漢二人相繼投共。④滇蒙：即雲南蒙自。⑤貔虎乘機軸；貔虎比喻軍隊：機軸即言飛機。⑥殘屋：言損毀之房屋。台灣光復時，一片斷垣殘壁，滿目瘡痍，不忍卒睹。

(十)、蘇幕遮

—攜子返鄉掃墓—

抵江城①，乘的士②，曠野奔馳，油菜④盈田里。風過金花浪疊綺，蛙鼓和鳴，聲出池塘裏。　嶺頂雲，庫中水，綠染鍾山，明月家鄉美。今得攜兒歸故梓，認祖尋根，親情無能比。

注：①江城：即湖北武昌城。②的士：計程車譯音。③油菜：其花金黃色，高約三尺，其子可榨油食用。油名「菜油」。

(十一)、鷓鴣天97、5、12

悼川西大地震災黎

山崩地坼燼川西，瓦礫活埋慟庶黎！一片哀鴻悽慘狀，傷心怵目盡悲啼。　茲浩劫，視訊批，各國同驚捐物齎，大愛找回勤勸募，災區重建待安栖。

註：（大愛找回）勸募晚會，熱線捐款約四億元，居各國之首。

四、歌一首

四季之晨

春之晨
吹來陣陣底芳香
它是一年之計的開始
更是一日之計的好時光呀
好時光
窗前盡是一片喜氣
且看那
　花兒在向您開放
且聽那
　鳥兒在為您歌唱呀
為你歌唱

×　×　×

夏之晨
像著少女披新妝
它是鄉村播種的季節
更是農家耕耘的好時光呀
好時光
原野盡是一片生氣
且看那
　桑葉簇簇裝滿筐
且聽那
　蛙鼓聲聲催農忙呀
催農忙

× × ×

秋之晨
習習清風珠露涼
它是暑退涼生的幽境
更是國人奮發的好時光呀
好時光
人間都是一片爽氣
且看那
　風月雙清桂子黃
且聽那
　高歌盈野任風颺呀
　任風颺

× × ×

冬之晨
草原片片有濃霜
它似疾風勁草的堅強
更似新機煥發的好時光呀
好時光
郭外都是一片傲氣
且看那
　梅雪爭春南嶺上
且聽那
　風狂浪湧向前航呀
　向前航

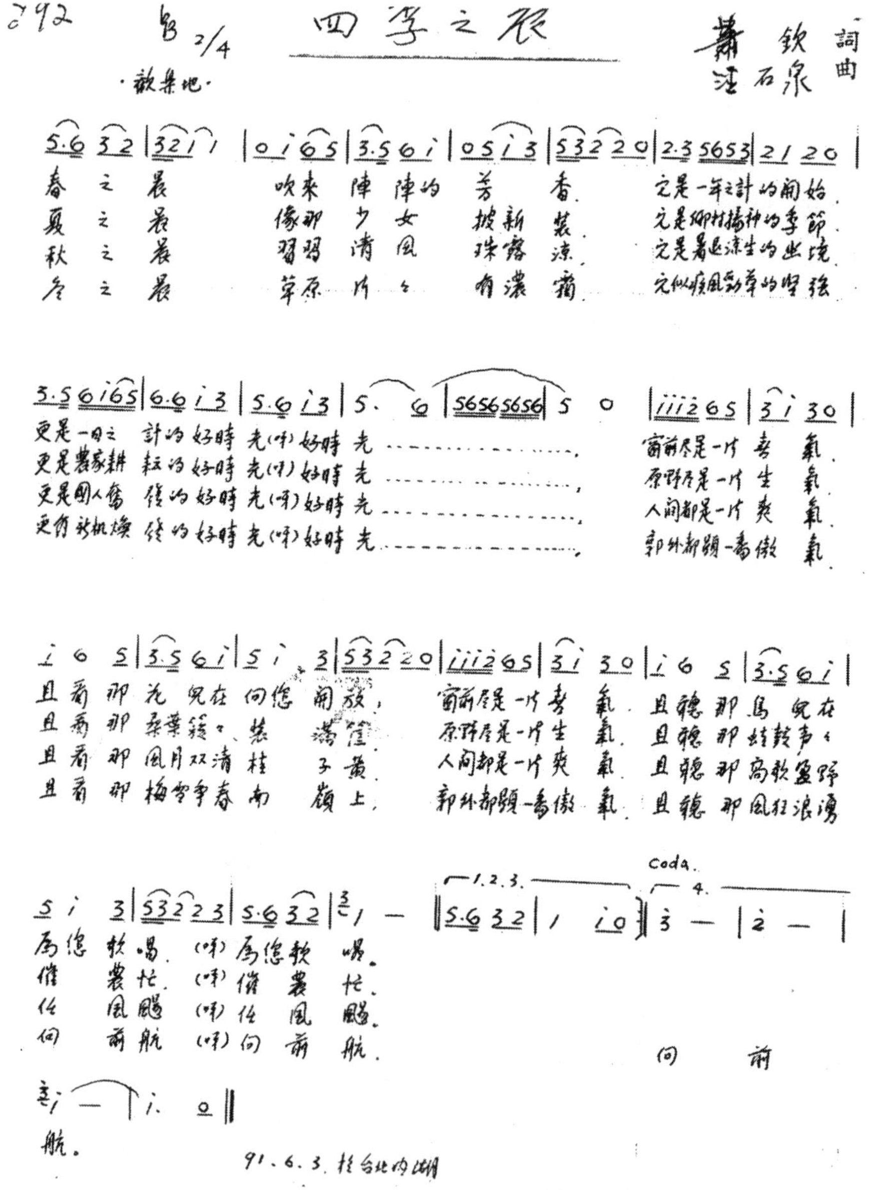
242
2/4
四季之晨
蕭欽 詞
汪石泉 曲
·歡樂地·
春之晨 吹來陣陣的芳香 它是一年之計的開始
夏之晨 像那少女披新裝 它是鄉村播种的季節
秋之晨 習習清風珠露涼 它是暑退涼生的幽境
冬之晨 草原片片有濃霜 它似疾風勁草的堅強
更是一日之計的好時光(呀)好時光 窗前盡是一片春氣
更是農家耕耘的好時光(呀)好時光 原野盡是一片生氣
更是國人奮發的好時光(呀)好時光 人間都是一片爽氣
更有新机煥發的好時光(呀)好時光 郭外都顯一番傲氣
且看那花兒在向您開放 窗前盡是一片春氣 且聽那鳥兒在
且看那桑葉綠綠裝滿筐 原野盡是一片生氣 且聽那
且看那風月双清桂子黃 人間都是一片爽氣 且聽那高歌盈野
且看那梅雪爭春南嶺上 郭外都顯一番傲氣 且聽那風狂浪湧
為您歡唱(呀)為您歡唱
催農忙(呀)催農忙
伴風飄(呀)伴風飄
向前航(呀)向前航
Coda
向前航
91.6.3. 於台北內湖

附錄：九十自壽十疊韻和詩與詞

畫堂春 **奉讀蕭欽先生九十自壽十疊敬賀嵩壽**

胡傳安敬賀

遐齡九秩晉桃觴。允文允武騰驤。憲臺知遇吐芬芳。①輪墨恢張。　集錦琳瑯耀彩，楹聯璀璨生光。②蘭馨桂馥喜洋洋。萬壽無疆。

註：①先生詩云：「榮獲憲臺許遇知」。②先生詩云：「楹聯璀璨添光彩，集錦琳瑯見故知」。

世界奧會蕭欽顧問寄示九十自壽十疊韻即步一律用申錦祝

壬辰穀旦　蘭陽　陳冠甫慶煌　初稿

壽章拜覽十嘻嘻，快意國恩家慶時。求學從軍堅柏操，服官致仕悅葩詩。探親返里吟情樂，積稿成書賀客知。嶺上梅花春訊早，霞觴香泛鷺鷗隨。

拜讀欽老九十自壽大作原韻次和

江沛　上

壽登九秩合嘻嘻，天降斯人為濟時。守土不辭寒枕戟，揚風常見共裁詩。門栽陶柳心應定，庭舞萊衣樂可知。海上鷺鷗爭作伴，庚婻雙燦福長隨。

捧讀容止齋詩稿謹賦元韻示和

弟　姚　植

八八自壽

首韻——求學心影

行年八八笑嘻嘻，苦坐黌宮求學時。曉對恩施吟漢賦，閒觀建始背唐詩。清江湧起千層浪，洛邑存亡百姓知。我幸弱身能中選，救亡投筆倖相隨。

註：我在湖北省立第七師範學校讀書，時正洛陽危極存亡之秋。

二疊前韻——從軍奮戰

行年八八笑嘻嘻，回顧當年磨劍時。旅次橫槍騰戰馬，來臺比武夜催詩。雄州解甲來花縣，鐸韻教書歲月知。屆退東臺揚鉢運，洄瀾宴客我跟隨。

三疊前韻——退伍未仕

行年八八笑嘻嘻，退伍青年未仕時。經國先生行巧政，鵬程專案美吟詩。中橫拓路榮民制，魯閣祠邊老鬼知。我幸青年未中選，財由立法吏追隨。

註：民國四十四年我退伍軍人，因無退伍制度，而由美國政府發給每人四千元美金，經國

先生借用開中橫公路，建立臺北榮民總院，構築石門水庫，成立中央輔導退除役官兵委員會，這就是鵬程專案。

四疊前韻——亂世鴛鴦

行年八八笑嘻嘻，亂世鴛鴦緣到時。大富佳人誇淑慧，蕉溪客子賦婚詩。成材兒女多情愫，立業黌宮百世知。木鐸傳聲千里韻，宏揚詩教我相隨。

註：民國五十年我在花蓮縣大富國小教書，妻乃大富村人，吾之故里縣治蕉溪，因署蕉溪山人。

五疊前韻——貸款購屋

行年八八笑嘻嘻，買得茅廬正是時。振鐸宜昌因調職，喬遷鬧市乃題詩。雲莊賦韻山如繡，豹隱揮毫雅自知。舉國聯吟堪遠眺，青天白日月跟隨。

註：宜昌國小是花蓮縣第三大學校，碧雲莊是我之隱居地也。

六疊前韻——屆齡教界退休

行年八八笑嘻嘻，屆退花蓮六五時。早起登山迎曉日，昏臨眺海唱新詞。山荊煮酒邀吾飲，幼子回家問我詩。電視舒情挑笑趣，歌聲舞影喜相隨。

七疊前韻——返梓探親

行年八八笑嘻嘻，返梓探親解放時。老屋凋零傾欲倒，良田稗草愧成詩。椿萱土改紅羊劫，社稷荒蕪紫陌知。晚輩兒孫皆遠去，打工江浙苦追隨。

八疊前韻——詩壇服務

行年八八笑嘻嘻，進入騷壇活動時。兩岸江山揚漢韻，三通社稷頌唐詩。基層幹部策群輔，理監精神勵眾知。編輯吟刊昭日月，鷗傳鷺序謹追隨。

九疊前韻——全國詩人聯吟大會

行年八八笑嘻嘻，滿眼詩人到此時。擊鉢昌騷先覓韻，吟魂賦雅感懷詩。詞宗蒞位評佳句，墨客揮毫各自知。殿上傳臚呼雅號，堂前送獎緊跟隨。

十疊前韻——晚年逸樂

行年八八笑嘻嘻，活動朝行勝往時。策杖雲程驚雀躍，觀山步道喜吟詩。虹橋國福籠天色，野客黌宮已曉知。起鳳騰蛟循舊路，情深鰜鰈尾追隨。

註：黌宮是花蓮縣立體育中學，在國福大橋之側。

尾句疊前韻——楚客留香詩集

行年八八笑嘻嘻，楚客留香韻到時。北鷺吟傳霜勵志，東鷗序跋雪催詩。多情雅友功難捨，小塊文章豈夙知。

祝蕭鄉長欽翁九秩嵩壽

姚　植

欽翁九秩甚雍容，令旦懸弧杖底封，逸興敲詩開碧玉，豪華疊韻破蒼龍。嵐光匝地千溪月，浩氣參天萬谷松，在下何時能請教，期頤上壽許相逢。

敬和蕭公欽九十自壽詩原玉

鄉末涂靜華

拜讀瑤章十疊嘻，聲華不減鄭當時。明潭扈蹕標青史，胡越姻緣紀艷詩。解甲彈冠膺簡任，烏台籌筆盡良知。蕭郎本是侯門裔，壽比南山福祿隨。

星禧摯友九豑榮慶

挽瀾隊友　宗大驊　詹雪青　等仝祝

容容後福福源多，止止吉祥實可謌。齋架藏書課子弟，主公高義值堪誇；九如頌祝南山壽，十指勤揮鐵硯磨。榮獲勳章和令譽，慶逢鴻運應包羅。